有利発行課税

詳解

デロイト トーマツ税理士法人　税理士
公認会計士・米国公認会計士　稲見 誠一　監修

梅本 淳久　著

- 株式発行に係る会社法の規定
- 法人税法の規定
- 所得税法の規定
- 相続税法の規定
- 国際課税関係の規定
- 既存株主に対する寄附金課税事例
- 株式引受人に対する受贈益課税事例
- 所得税・贈与税の課税事例

LOGICA
ロギカ書房

はしがき

　有利発行課税については、一定数の判例の蓄積があり、論考も多数発表されているところです。

　これらの論考には、裁判所の結論や理由付けに反対するものも少なくなく、また、判決の理解について、複数の異なる見解が示されており、有利発行課税については、未だ議論の余地が残されているように見受けられます。

　ところで、大淵名誉教授が、「法人が行う第三者割当の有利発行増資は、資金調達手段、安定株主対策及び業務提携等、幅広いニーズに利用されている」と指摘されているように、実務では、今なお有利発行増資が利用され、その課税関係を検討する必要が生じています。

　前述の通り、有利発行課税については、多数の論考があるものの、これらは、関係法令等を体系的に解説するような趣旨のものではなく、また、学術的な記載や、判例の趣旨とは異なる記載も多く見受けられます。

　本書は、条文と判例の趣旨に照らして、有利発行課税の構造を解説する実務テキストです。具体的には、「第1部　関係法令編」では、有利発行に関係する会社法及び各税法（法人税法、所得税法、相続税法）の規定について逐条解説を行い、「第2部　事例編」では、著名な裁判例を題材に、具体的事案の検討において生じる理論上又は計算上の問題について、詳細な解説を行いました。また、有利発行課税の問題のより深い理解のために、「参考」と題する囲み記事で、判例評釈や有力な学説を簡潔に付記しました。

　なお、本書の意見にわたる部分は筆者の私見であり、デロイトトーマツ税理士法人の公式見解ではないことを申し添えます。

　最後になりましたが、本書の執筆に当たって、デロイトトーマツ税理士法人の稲見誠一税理士から指導・助言を頂きました。また、前4作（民法、外国子会社合算税制、過大支払利子税制、重加算税）に引き続き、株式会社ロギカ書

房の橋詰守氏に大変お世話になりました。ここに記して、心よりお礼申し上げます。

2021年3月

公認会計士・米国公認会計士　梅本　淳久

■目 次

はしがき

第*1*部　関係法令編

第*1*章　株式発行に係る会社法の規定 ⋯⋯⋯⋯⋯⋯⋯⋯⋯⋯⋯⋯⋯ *2*

① 募集事項の決定手続の概要 ⋯⋯⋯⋯⋯⋯⋯⋯⋯⋯⋯⋯⋯⋯⋯⋯ *2*

② 株主割当て ⋯⋯⋯⋯⋯⋯⋯⋯⋯⋯⋯⋯⋯⋯⋯⋯⋯⋯⋯⋯⋯⋯ *5*

　2.1　募集事項等の決定 ⋯⋯⋯⋯⋯⋯⋯⋯⋯⋯⋯⋯⋯⋯⋯⋯⋯ *5*

　2.2　募集事項等の決定機関 ⋯⋯⋯⋯⋯⋯⋯⋯⋯⋯⋯⋯⋯⋯⋯ *6*

　2.3　募集事項等の通知 ⋯⋯⋯⋯⋯⋯⋯⋯⋯⋯⋯⋯⋯⋯⋯⋯⋯ *8*

　2.4　募集株式の申込み ⋯⋯⋯⋯⋯⋯⋯⋯⋯⋯⋯⋯⋯⋯⋯⋯⋯ *9*

　2.5　募集株式の割当て・引受け ⋯⋯⋯⋯⋯⋯⋯⋯⋯⋯⋯⋯⋯ *11*

③ 公開会社における第三者割当て ⋯⋯⋯⋯⋯⋯⋯⋯⋯⋯⋯⋯⋯⋯ *12*

　3.1　募集事項の決定 ⋯⋯⋯⋯⋯⋯⋯⋯⋯⋯⋯⋯⋯⋯⋯⋯⋯⋯ *12*

　3.2　募集事項の決定機関 ⋯⋯⋯⋯⋯⋯⋯⋯⋯⋯⋯⋯⋯⋯⋯⋯ *12*

　3.3　募集事項の通知・公告 ⋯⋯⋯⋯⋯⋯⋯⋯⋯⋯⋯⋯⋯⋯⋯ *17*

　3.4　募集株式の申込み ⋯⋯⋯⋯⋯⋯⋯⋯⋯⋯⋯⋯⋯⋯⋯⋯⋯ *18*

　3.5　募集株式の割当て・引受け ⋯⋯⋯⋯⋯⋯⋯⋯⋯⋯⋯⋯⋯ *20*

　3.6　支配株主の異動を伴う募集株式の発行等 ⋯⋯⋯⋯⋯⋯⋯ *21*

④ 非公開会社における第三者割当て ⋯⋯⋯⋯⋯⋯⋯⋯⋯⋯⋯⋯⋯ *24*

　4.1　募集事項の決定 ⋯⋯⋯⋯⋯⋯⋯⋯⋯⋯⋯⋯⋯⋯⋯⋯⋯⋯ *24*

　4.2　募集事項の決定機関 ⋯⋯⋯⋯⋯⋯⋯⋯⋯⋯⋯⋯⋯⋯⋯⋯ *24*

　4.3　募集株式の申込み ⋯⋯⋯⋯⋯⋯⋯⋯⋯⋯⋯⋯⋯⋯⋯⋯⋯ *26*

　4.4　募集株式の割当て・引受け ⋯⋯⋯⋯⋯⋯⋯⋯⋯⋯⋯⋯⋯ *28*

⑤ 現物出資 ⋯⋯⋯⋯⋯⋯⋯⋯⋯⋯⋯⋯⋯⋯⋯⋯⋯⋯⋯⋯⋯⋯⋯ *30*

❻ 出資の履行等 *32*

　　6.1　出資の履行 *32*

　　6.2　株主となる時期 *32*

❼ 株式発行の瑕疵に対する措置 *33*

　　7.1　募集株式の発行等をやめることの請求 *33*

　　7.2　新株発行等の無効又は不存在の確認の訴え ... *33*

　　7.3　募集に係る責任等 *36*

　　7.4　株主による責任追及等の訴え *37*

❽ 令和元年改正法（参考） *38*

第 *2* 章　有利発行に係る法人税法の規定 *41*

❶ 益金の意義 *41*

　　1.1　法人税法22条 2 項にいう「取引」の意義 ... *42*

　　1.2　低額取引における法人税法22条 2 項の適用可能性 ... *47*

❷ 有価証券の取得価額 *50*

❸ 有利発行に係る「判定の時価」 *63*

　　3.1　判定基準 *63*

　　3.2　「判定の時価」の算定方法 *66*

❹ 他の株主等に損害を及ぼすおそれがないと認められる場合 ... *74*

❺ 有利発行株式の「計算の時価」 *78*

　　5.1　市場有価証券等の価額 *84*

　　5.2　市場有価証券等以外の株式の価額 *89*

　　5.3　市場有価証券等以外の株式の価額の特例 *91*

❻ 計算例 *95*

　　6.1　第三者に対する有利発行 *95*

　　6.2　株主等の全部に対する有利発行 *97*

　　6.3　株主等の一部に対する有利発行 *99*

第 *3* 章　有利発行に係る所得税法の規定 *101*

❶ 収入金額の意義──────────────────────── *101*

　1.1　総則────────────────────────── *101*

　1.2　株式等を取得する権利に係る収入金額──────── *103*

❷ 株式等を取得する権利を与えられた場合の所得区分────── *107*

❸ 株式等を取得する権利を与えられた場合の所得の収入すべき時期

　───────────────────────────── *112*

❹ 有利発行に係る「判定の時価」─────────────── *113*

❺ 株主等として与えられた場合──────────────── *115*

❻ 株式等を取得する権利の行使により取得した株式の価額─── *117*

❼ 有価証券の取得価額──────────────────── *120*

第4章　有利発行に係る相続税法の規定────────── *124*

❶ みなし贈与─────────────────────── *124*

❷ 株式又は出資の価額が増加した場合────────────── *126*

❸ 同族会社の新株の発行───────────────── *131*

補　章　有利発行に係る国際課税関係の規定──────── *146*

第2部　事例編

事例1　有利発行と既存株主に対する寄附金課税

　　　（東京地判平13・11・9、東京高判平16・1・28、最判平

　　　18・1・24、東京高判平19・1・30）──────── *152*

事例2　有利発行と株式引受人に対する受贈益課税

　　　（東京地判平27・9・29、東京高判平28・3・24）─── *177*

事例3　有利発行と所得税・贈与税の課税

　　　（東京地判平12・7・13、東京高判平14・1・30、最判平

　　　17・11・8、東京高判平18・12・20）──────── *215*

凡 例

1　法令等は、特に断りのない限り、令和2年10月1日現在（会社法及び所得税法については、令和3年3月1日現在）による。ただし、判決・裁決については、その前提となった税法等が変更となっている場合がある。

2　本書中に引用する法令・判決については、次の略語を用いた。
　1）法令
　　　　会…………会社法
　　　　会施規……会社法施行規則
　　　　民訴………民事訴訟法
　　　　民保………民事保全法
　　　　法法………法人税法
　　　　法令………法人税法施行令
　　　　法通………法人税基本通達
　　　　所法………所得税法
　　　　所令………所得税法施行令
　　　　所通………所得税基本通達
　　　　相法………相続税法
　　　　相令………相続税法施行令
　　　　相通………相続税法基本通達
　2）判決
　　　　最判…………最高裁判所判決
　　　　東京高判……東京高等裁判所判決
　　　　東京地判……東京地方裁判所判決

3　判決文の「原告」、「被告」、「控訴人」、「被控訴人」、「上告人」などの文言については、読みやすさを考え、「A社」、「甲税務署長」等の当事者名（記号）に置き換えている。

第 1 部　関係法令編

第1章

株式発行に係る会社法の規定

1 募集事項の決定手続の概要

　募集事項の決定は、株主総会の決議で行うのが原則であるが、①取締役会や取締役に募集事項の決定を委任した場合の特則、②公開会社である場合の特則、③株主割当ての場合の特則が規定されている。

　募集事項の決定手続について、会社法の立案担当者は、次の通り、特則の規定が適用されるかどうかを先に検討すればよいと述べておられる[1]。

① 　まず、株主に割当てを受ける権利を付与するものである場合には、会社法第202条第3項に規定する機関が募集事項を決定する。

② 　上記以外の場合であって、公開会社であるときは、有利発行の場合を除き、取締役会（会201①）が募集事項を決定する。

③ 　上記以外の場合であって、株主総会の決議で取締役会又は取締役に募集事項の決定を委任したときは、委任された取締役会又は取締役が募集事項を決定する。ただし、その委任は、株主総会の決議から1年以内の募集のみ有効である（会200①③）。

④ 　上記以外の場合は、株主総会の決議（会199②）で募集事項を決定する。

1） 　相澤哲ほか『論点解説　新・会社法－千問の道標』195頁（商事法務、2006）

　なお、本章では、監査等委員会設置会社及び指名委員会等設置会社における取扱いについては、説明を省略する。

関 係 法 令 等

（定義）

会社法第2条

　この法律において、次の各号に掲げる用語の意義は、当該各号に定めるところによる。

　五　公開会社

　　　その発行する全部又は一部の株式の内容として譲渡による当該株式の取得について株式会社の承認を要する旨の定款の定めを設けていない株式会社をいう。（注1）

（株主総会の決議）

会社法第309条

1　株主総会の決議は、定款に別段の定めがある場合を除き、議決権を行使することができる株主の議決権の過半数を有する株主が出席し、出席した当該株主の議決権の過半数をもって行う。（注2）

2　前項の規定にかかわらず、次に掲げる株主総会の決議は、当該株主総会において議決権を行使することができる株主の議決権の過半数（3分の1以上の割合を定款で定めた場合にあっては、その割合以上）を有する株主が出席し、出席した当該株主の議決権の3分の2（これを上回る割合を定款で定めた場合にあっては、その割合）以上に当たる多数をもって行わなければならない。この場合においては、当該決議の要件に加えて、一定の数以上の株主の賛成を要する旨その他の要件を定款で定めることを妨げない。（注3）

　五　第199条第2項、第200条第1項、第202条第3項第4号、第204条第2項及び第205条第2項の株主総会

（取締役会の決議）

会社法第369条

1　取締役会の決議は、議決に加わることができる取締役の過半数（これを上回る割合を定款で定めた場合にあっては、その割合以上）が出席し、その過半数（これを上回る割合を定款で定めた場合にあっては、その割合）を

もって行う。（注4）

 2　前項の決議について特別の利害関係を有する取締役は、議決に加わることができない。

（注1）　一部の種類の株式でも譲渡制限株式でない場合には、実際にはその譲渡制限株式でない株式が発行されていなくても、「公開会社」となる[2]。

（注2）　株主総会の普通決議の要件を定める規定である。

（注3）　株主総会の特別決議の要件を定める規定である。

（注4）　取締役会の決議の要件を定める規定である。

2）　相澤・前掲注1）275頁

② 株主割当て

2.1　募集事項等の決定

　株式会社は、その発行する株式又はその処分する自己株式を引き受ける者の募集において、株主に株式の割当てを受ける権利を与えることができる。この場合においては、次に掲げる事項（以下、②において「募集事項等」という。）を定めなければならない（会202①、199①）。

①	募集事項	募集株式の数（種類株式発行会社にあっては、募集株式の種類及び数）
②		募集株式の払込金額（募集株式1株と引換えに払い込む金銭又は給付する現物出資財産の額をいう。）又はその算定方法
③		現物出資財産を出資の目的とするときは、その旨並びに当該現物出資財産の内容及び価額
④		募集株式と引換えにする金銭の払込み又は現物出資財産の給付の期日又はその期間
⑤		株式を発行するときは、増加する資本金及び資本準備金に関する事項
⑥	株主に対し、申込みをすることにより当該株式会社の募集株式（種類株式発行会社にあっては、当該株主の有する種類の株式と同一の種類のもの）の割当てを受ける権利を与える旨	
⑦	募集株式の引受けの申込みの期日	

　この場合には、株主（当該株式会社を除く。）は、その有する株式の数に応じて募集株式の割当てを受ける権利を有する。ただし、当該株主が割当てを受ける募集株式の数に1株に満たない端数があるときは、これを切り捨てるものとされている（会202②）。

2.2　募集事項等の決定機関

　株主に株式の割当てを受ける権利を与える場合において、募集事項等は、次の①から④までに掲げる場合の区分に応じ、それぞれの方法によって定めなければならない（会202③）。

①	募集事項等を取締役の決定によって定めることができる旨の定款の定めがある場合（株式会社が取締役会設置会社である場合を除く。）	取締役の決定
②	募集事項等を取締役会の決議によって定めることができる旨の定款の定めがある場合（③に掲げる場合を除く。）	取締役会の決議
③	株式会社が公開会社である場合	取締役会の決議
④	①から③までに掲げる場合以外の場合	株主総会の決議

　すなわち、株主割当ての募集事項等の決定機関は、次の通りである。

	非公開会社		公開会社
	非取締役会設置会社	取締役会設置会社 （会326②）	取締役会設置会社 （会327①一）
原則	株主総会の特別決議 （会202③四・309②五）		取締役会の決議 （会202③三）
例外	定款の定めに基づく 取締役の決定 （会202③一）	定款の定めに基づく 取締役会の決議 （会202③二）	定款の定めに基づく 株主総会の決議[3] （会295②）

　株主に株式の割当てを受ける権利を与える場合には、そのような権利を与えない場合に比べて既存株主への影響が小さいといえるが、既存株主が払込みに応ずることができない場合には既存株主が不利益を被る場合もあることから、基本的には株主に株式の割当てを受ける権利を与えない場合と同様の機関による決定を行うものとした上で、公開会社以外の会社については、定款の定めが

3）　相澤・前掲注1）197頁

ある場合には簡易な手続で募集事項の決定を行うことを認めることとされたものである[4]。

例　**株主割当てによる倍額増資**

	増資前		取得した新株の数	増資後	
	所有株式数	持株割合		所有株式数	持株割合
甲野太郎	40,000株	40%	40,000株	80,000株	40%
甲野花子	30,000株	30%	30,000株	60,000株	30%
甲野一郎	20,000株	20%	20,000株	40,000株	20%
乙山次郎	10,000株	10%	10,000株	20,000株	10%
計	100,000株	100%	―	200,000株	100%

　なお、種類株式発行会社が株主に株式の割当てを受ける権利を与えて募集株式を引き受ける者の募集をする場合において、ある種類の株式の種類株主に損害を及ぼすおそれがあるとき（例えば、普通株主にのみ株式の割当てを受ける権利を与えて株式を募集するとき[5]）は、当該株式引受人の募集は、①当該種類株主総会において議決権を行使することができる種類株主が存しない場合及び②種類株主総会の決議を要しない旨の定款の定めがある場合を除き、当該種類の株式の種類株主を構成員とする種類株主総会の決議がなければ、その効力を生じない（会322①四・②③）。

　この種類株主総会の決議は、当該種類株主総会において議決権を行使することができる株主の議決権の過半数（3分の1以上の割合を定款で定めた場合にあっては、その割合以上）を有する株主が出席し、出席した当該株主の議決権の3分の2（これを上回る割合を定款で定めた場合にあっては、その割合）以上に当たる多数をもって行わなければならない。この場合においては、当該決議の要件に加えて、一定の数以上の株主の賛成を要する旨その他の要件を定款で定めることを妨げない（会324②四）。

4）　相澤・前掲注1）203頁
5）　松井信憲『商業登記ハンドブック［第3版］』158頁（商事法務、2015）

　　株主割当ての場合には、その性質上、第三者割当てに係る規定の適用が一部除外されている。
　1　募集株式の払込金額が募集株式を引き受ける者に特に有利な金額である場合には、既存の株主の利益保護のため[6]、取締役は、株主総会において、当該払込金額でその者の募集をすることを必要とする理由を説明しなければならない（会199③）。株主割当ての場合には、この説明義務は免除されている（会202⑤）。
　2　公開会社は、取締役会の決議によって募集事項を定めたときは、原則として、払込期日又は払込期間の初日の2週間前までに、株主に対し、当該募集事項を通知し、又は公告しなければならない（会201③～⑤）。この通知・公告は既存株主に差止めの機会を与えるためのものであるから[7]、株主割当ての場合には、不要とされている（会202⑤）。

2.3　募集事項等の通知

　株式会社は、募集事項等を定めた場合には、募集株式の引受けの申込みの期日の2週間前までに、株主（当該株式会社を除く。）に対し、次に掲げる事項を通知しなければならない（会202④）。

①	募集事項	募集株式の数（種類株式発行会社にあっては、募集株式の種類及び数）
②		募集株式の払込金額（募集株式1株と引換えに払い込む金銭又は給付する現物出資財産の額をいう。）又はその算定方法
③		現物出資財産を出資の目的とするときは、その旨並びに当該現物出資財産の内容及び価額
④		募集株式と引換えにする金銭の払込み又は現物出資財産の給付の期日又はその期間
⑤		株式を発行するときは、増加する資本金及び資本準備金に関する事項
⑥	当該株主が割当てを受ける募集株式の数	
⑦	募集株式の引受けの申込みの期日	

6）　神田秀樹『会社法〔第22版〕』156頁（弘文堂、2020）
7）　神田・前掲注6）154頁

　これは、株主に申込みの機会を与えるためであり、公告をもってこの通知に代えることはできない[8]。

関　係　法　令　等

> 昭54・11・6民四5692号回答
> 　株主が新株引受権を有する場合に申込期日の2週間前にすべき失権予告付催告（旧商法第280条ノ5第2項）は、新株引受権を有する株主全員の同意があるときは、その期間を短縮することができる。（注）

（注）会社法の下でも、同様の解釈が妥当するものと解される[9]。

2.4　募集株式の申込み

　株式会社は、募集株式の引受けの申込みをしようとする者に対し、金融商品取引法に基づく目論見書を交付している場合等を除き、次に掲げる事項を通知しなければならない（会203①④）。また、株式会社は、次に掲げる事項について変更があったときは、直ちに、その旨及び当該変更があった事項を募集株式の引受けの申込みをした者に通知しなければならない（会203⑤）。

①	株式会社の商号	
②		募集株式の数（種類株式発行会社にあっては、募集株式の種類及び数）
③		募集株式の払込金額（募集株式1株と引換えに払い込む金銭又は給付する現物出資財産の額をいう。）又はその算定方法
④	募集事項	現物出資財産を出資の目的とするときは、その旨並びに当該現物出資財産の内容及び価額
⑤		募集株式と引換えにする金銭の払込み又は現物出資財産の給付の期日又はその期間
⑥		株式を発行するときは、増加する資本金及び資本準備金に関する事項

8）　相澤・前掲注1）203頁
9）　松井・前掲注5）271頁

⑦	金銭の払込みをすべきときは、払込みの取扱いの場所
⑧	①から⑦までに掲げるもののほか、会社法施行規則第41条で定める事項

　募集株式の引受けの申込みをする者は、次に掲げる事項を記載した書面を株式会社に交付しなければならない（会203②）。この申込みをする者は、書面の交付に代えて、株式会社の承諾を得て、次に掲げる事項を電磁的方法により提供することができる（会203③）。実務では、会社が委託した払込取扱金融機関に対し、払込金額と同額の申込証拠金を添えて引受けの申込みを行い、その申込証拠金が払込期日に払込金額に充当されるのが一般的である[10]。

①	申込みをする者の氏名又は名称及び住所
②	引き受けようとする募集株式の数

関 係 法 令 等

（申込みをしようとする者に対して通知すべき事項）

会社法施行規則第41条

　法第203条第1項第4号に規定する法務省令で定める事項は、次に掲げる事項とする。

　　一　発行可能株式総数（種類株式発行会社にあっては、各種類の株式の発行可能種類株式総数を含む。）

　　二　株式会社（種類株式発行会社を除く。）が発行する株式の内容として法第107条第1項各号に掲げる事項を定めているときは、当該株式の内容

　　三　株式会社（種類株式発行会社に限る。）が法第108条第1項各号に掲げる事項につき内容の異なる株式を発行することとしているときは、各種類の株式の内容（ある種類の株式につき同条第3項の定款の定めがある場合において、当該定款の定めにより株式会社が当該種類の株式の内容を定めていないときは、当該種類の株式の内容の要綱）

　　四　単元株式数についての定款の定めがあるときは、その単元株式数（種類株式発行会社にあっては、各種類の株式の単元株式数）

---

10)　奥島孝康・落合誠一・浜田道代編『別冊法学セミナー　no.242　新基本法コンメンタール　会社法1【第2版】』411・413・416・427頁（日本評論社、2016）

　五　次に掲げる定款の定めがあるときは、その規定

　　イ　法第139条第1項、第140条第5項又は第145条第1号若しくは第2号に規定する定款の定め

　　ロ　法第164条第1項に規定する定款の定め

　　ハ　法第167条第3項に規定する定款の定め

　　ニ　法第168条第1項又は第169条第2項に規定する定款の定め

　　ホ　法第174条に規定する定款の定め

　　ヘ　法第347条に規定する定款の定め

　　ト　第26条第1号又は第2号に規定する定款の定め

　六　株主名簿管理人を置く旨の定款の定めがあるときは、その氏名又は名称及び住所並びに営業所

　七　定款に定められた事項（法第203条第1項第1号から第3号まで及び前各号に掲げる事項を除く。）であって、当該株式会社に対して募集株式の引受けの申込みをしようとする者が当該者に対して通知することを請求した事項

2.5　募集株式の割当て・引受け

　株主は、割当てを受ける権利の行使により、当然に株主の引受人としての地位を取得するから、会社法第204条第1項から第3項までの割当手続は不要となる[11]。

　ただし、株主が募集株式の引受けの申込みの期日までに募集株式の引受けの申込みをしないときは、当該株主は、募集株式の割当てを受ける権利を失う（会204④）。

　　　株主に与えられた募集株式の割当てを受ける権利（会202）は、株主に対してのみ与えられる権利であり、株主でない者が行使することはできない（会社法第204条第4項においても、株主に割当てを受ける権利を与えた場合において、「株主」が申込みをしないときは、当該株主は募集株式の割当てを受ける権利を失うこととされている。）。したがって、募集株式の割当てを受ける権利は譲渡することができないものと解される[12]。

---

11)　相澤・前掲注1）204頁

公開会社における第三者割当て

3.1 募集事項の決定

　株式会社は、株主割当てによらず、その発行する株式又はその処分する自己株式を引き受ける者の募集をしようとするときは、その都度、募集株式について次に掲げる事項（以下、❸において「募集事項」という。）を定めなければならない（会199①）。

①	募集事項	募集株式の数（種類株式発行会社にあっては、募集株式の種類及び数）
②		募集株式の払込金額（募集株式1株と引換えに払い込む金銭又は給付する現物出資財産の額をいう。）又はその算定方法（注）
③		現物出資財産を出資の目的とするときは、その旨並びに当該現物出資財産の内容及び価額
④		募集株式と引換えにする金銭の払込み又は現物出資財産の給付の期日又はその期間
⑤		株式を発行するときは、増加する資本金及び資本準備金に関する事項

（注）　公開会社においては、取締役会の決議によって募集事項を定める場合において、市場価格のある株式を引き受ける者の募集をするときは、これに代えて、公正な価額による払込みを実現するために適当な払込金額の決定の方法（ブック・ビルディング方式が典型である[13]。）を定めることができる（会201②）。

3.2 募集事項の決定機関

　公開会社においては、募集事項の決定は、原則として、取締役会の決議によらなければならない（会201①、199②③）。

---

12)　相澤・前掲注1）204頁
13)　神田・前掲注6）151頁

　ただし、払込金額が募集株式を引き受ける者に特に有利な金額である場合（会199③）には、既存株主の保護のため[14]、募集事項の決定は、原則として、株主総会の特別決議によらなければならず（会199②、201①、309②五）、取締役は、株主総会において、当該払込金額でその者の募集をすることを必要とする理由を説明しなければならない（会199③）。

　すなわち、公開会社における第三者割当ての募集事項の決定機関は、次の通りである。

	公開会社	
	取締役会設置会社（会327①一）	
	通常発行	有利発行
原則	取締役会の決議 （会201①）	株主総会の特別決議 （会199②・309②五）
例外	定款の定めに基づく 株主総会の決議[15] （会295②）	株主総会の委任（注）に 基づく取締役会の決議 （会200①）

（注）　この委任は、株主総会の特別決議による（会309②五）。この場合においては、その委任に基づいて募集事項の決定をすることができる募集株式の数の上限及び払込金額の下限を定めなければならず、この決議は、払込期日又は払込期間の末日が当該決議の日から1年以内の日である募集についてのみその効力を有する（会200①③）。

　なお、種類株式発行会社において、募集株式の種類が譲渡制限株式であるときは、当該種類の株式に関する募集事項の決定は、①当該種類の株式を引き受ける者の募集について当該種類の株式の種類株主を構成員とする種類株主総会の決議を要しない旨の定款の定めがある場合及び②当該種類株主総会において議決権を行使することができる種類株主が存しない場合を除き、当該種類株主総会の決議がなければ、その効力を生じない（会199④）。

　この種類株主総会の決議は、当該種類株主総会において議決権を行使することができる株主の議決権の過半数（3分の1以上の割合を定款で定めた場合にあっては、その割合以上）を有する株主が出席し、出席した当該株主の議決権

---

14)　相澤・前掲注1）199頁
15)　相澤・前掲注1）197頁

の3分の2（これを上回る割合を定款で定めた場合にあっては、その割合）以上に当たる多数をもって行わなければならない。この場合においては、当該決議の要件に加えて、一定の数以上の株主の賛成を要する旨その他の要件を定款で定めることを妨げない（会324②二）。

> 会社が将来発行する予定の株式の数（発行可能株式総数）を定款で定めておき、その「授権」の範囲内で会社が取締役会決議等により適宜株式を発行することを認める制度を「授権株式制度」という。ただし、公開会社では、設立時発行株式の総数は、発行可能株式総数の4分の1を下ることができず（会37③本文）、また、定款を変更して発行可能株式総数を増加する場合にも、定款の変更が効力を生じた時における発行済株式総数の4倍までしか増加できない（会113③一）。このように授権の限度を法定する理由の1つは、取締役会等に無限の数の株式発行権限を認めるのは濫用のおそれがあると考えられることにある[16]。
>
> なお、定款を変更して発行可能株式総数を増加する場合、定款の変更が効力を生じた時における発行済株式総数の4倍までしか増加できないことの意味は、発行可能株式総数の増加についての株主総会の決議当時において発行済みとなっている株式の総数を基準とするものではなく、発行可能株式総数の増加の時において発行済みとなっている株式の総数を基準とするものである（最判昭37・3・8）。例えば、定款の変更の決議時に、既に株式の発行決議がされているような場合、その株式の発行を停止条件として、発行可能株式総数を当該株式の発行後の発行済株式総数の4倍以内の数に増加させる旨の定款の変更の決議をすることは適法である[17]。

「特に有利な払込金額」については、①一般に、公正な発行価額を基準として1割程度低くても「特に有利」とはいえないと解されている。また、②一時的に株価が高騰しているような場合には、一時的に高騰した時価ではなく、一定期間の平均値などの株価を基準として考える。さらに、③特定の第三者に事業提携等の目的で発行される場合であって、その提携等による効果が発行前に株価に反映された場合には、反映前の株価を基準に発行しても「特に有利」には該当しない[18]。

---

16) 神田・前掲注6）143頁
17) 相澤・前掲注1）202頁

東京高判昭48・7・27

　1株70円というA社の新株の発行価額は、商法第280条ノ11にいう「著しく不公正な発行価額」には当たらない。

　本件において、新株の発行価額決定の日の前日のA社の株価は1株145円であるけれども、この株価は、主として投機的思惑により形成されたものであって、A社の資産状態、収益力等その企業としての客観的価値を正確に反映していないものである。

　そして、本件新株の発行は、A社に対するB社の資本参加、業務提携の方法としてなされたものであって、B社は発行新株1,200万株全部を引き受けることになったものであるが、このような事情を考えると、本件における発行価額の決定に当たって、A社の株価のうち、上記参加、提携の機運を前提とする投機的思惑によって異常に高騰したと認められる部分が考慮されてはならないことはいうまでもないことであるから、B社が上記部分を排除しないで決定された価額によって本件新株を引き受けることをしなかったのは、もとより当然であったというべきである。

東京地決平16・6・1

　A社は、A社の株価は本年1月以降に急激に上昇しており、平成16年5月17日時点におけるA社株式の市場価格1株当たり1,010円の数値は、株価の操縦、投機を目的としたP1らによる違法な買占めを原因とするものであり、A社の企業価値を正確に反映したものではないので、本年1月以降の市場価格は公正な発行価額算定基礎から排除すべきであると主張する。

　なるほど、A社の株価は、平成15年8月ころは概ね200円台で推移していたところ、同年9月ころから上昇し、平成16年1月に入り概ね500円台に上昇し、同年2月には概ね600円台から700円台で推移し、同年3月には900円台ないし1,000円台に上昇し、同年4月には900円台から1,000円台で推移し、同年5月には概ね1,000円台で推移していることが認められ、P1らによる大量の株式取得が、A社株式の証券市場における株価に影響を与えていることは否定できない。

　しかし、P1らはA社への経営参加や技術提携の要望を有しており、A社に対する企業買収を目的として長期的に保有するために株式を取得したものであることが窺われ、P1らが不当な肩代わりや投機的な取引を目的として株式を取得したものと認めるに足りる資料はない。また、A社の業績も改善していること、証券業界（会

---

18)　神田・前掲注6）156頁

社四季報）における A 社の業績の評価も向上していること、A 社と同様にバルブ事業を営む企業においても、昨年後半から今年にかけて株価が 2 倍ないし 4 倍に高騰している事例があることの各事実が認められ、これらの事実に加え、A 社の株価が今年に入って500円以上で推移している事実に照らせば、A 社株式の株価の上昇が一時的な現象に止まると認めることはできない。

　そうすると、本件において、公正な発行価額を決定するに当たって、本件新株発行決議の直前日である平成16年 5 月17日の株価、又は本件新株発行決議以前の相当期間内における株価を排除すべき理由は見出しがたい。

　以上によれば、本件発行価額393円は、公正な発行価額より特に低い価額すなわち「特ニ有利ナル発行価額」といわざるを得ず、商法第343条の特別決議を経ないで行われた本件新株発行は、商法第280条ノ 2 第 2 項に違反するというべきである。

最判平27・2・19

　非上場会社の株式の算定については、簿価純資産法、時価純資産法、配当還元法、収益還元法、DCF 法、類似会社比準法など様々な評価手法が存在しているのであって、どのような場合にどの評価手法を用いるべきかについて明確な判断基準が確立されているというわけではない。また、個々の評価手法においても、将来の収益、フリーキャッシュフロー等の予測値や、還元率、割引率等の数値、類似会社の範囲など、ある程度の幅のある判断要素が含まれていることが少なくない。株価の算定に関する上記のような状況に鑑みると、取締役会が、新株発行当時、客観的資料に基づく一応合理的な算定方法によって発行価額を決定していたにもかかわらず、裁判所が、事後的に、他の評価手法を用いたり、異なる予測値等を採用したりするなどして、改めて株価の算定を行った上、その算定結果と現実の発行価額とを比較して旧商法第280条ノ 2 第 2 項にいう「特ニ有利ナル発行価額」に当たるか否かを判断するのは、取締役らの予測可能性を害することともなり、相当ではないというべきである。

　したがって、非上場会社が株主以外の者に新株を発行するに際し、客観的資料に基づく一応合理的な算定方法によって発行価額が決定されていたといえる場合には、その発行価額は、特別の事情のない限り、「特ニ有利ナル発行価額」には当たらないと解するのが相当である。

＊　　　　　＊　　　　　＊

関 係 法 令 等

第三者割当増資の取扱いに関する指針

$$\left(\begin{array}{l}\text{平成22年 4 月 1 日}\\\text{日本証券業協会}\end{array}\right)$$

1．会員は、上場銘柄の発行会社（外国会社を除く。）が我が国において第三者
　　割当（企業内容等の開示に関する内閣府令第19条第 2 項第 1 号ヲに規定する
　　方法をいう。）により株式の発行（自己株式の処分を含む。以下同じ。）を行
　　う場合には、当該発行会社に対して、次に定める内容に沿って行われるよう
　　要請する。
　(1)　払込金額は、株式の発行に係る取締役会決議の直前日の価額（直前日に
　　　　おける売買がない場合は、当該直前日からさかのぼった直近日の価額）に
　　　　0.9を乗じた額以上の価額であること。ただし、直近日又は直前日までの価
　　　　額又は売買高の状況等を勘案し、当該決議の日から払込金額を決定するた
　　　　めに適当な期間（最長 6 か月）をさかのぼった日から当該決議の直前日ま
　　　　での間の平均の価額に0.9を乗じた額以上の価額とすることができる。
　(2)　株式の発行が会社法に基づき株主総会の特別決議を経て行われる場合
　　　　は、本指針の適用は受けない。
2．（略）

3.3　募集事項の通知・公告

　公開会社は、取締役会の決議によって募集事項を定めたときは、既存株主に
差止めの機会を与えるため[19]、金融商品取引法に基づく届出をしている場合等
を除き、払込期日又は払込期間の初日の 2 週間前までに、株主に対し、当該募
集事項を通知し、又は公告しなければならない（会201③〜⑤）。

---

19)　神田・前掲注 6 ）154頁

関 係 法 令 等

昭41・10・5民事甲2875号回答
　募集事項の通知又は公告の日から払込期日までの2週間という期間の短縮については、株主全員の同意があれば可能である。

3.4　募集株式の申込み

　株式会社は、募集株式の引受けの申込みをしようとする者に対し、金融商品取引法に基づく目論見書を交付している場合等を除き、次に掲げる事項を通知しなければならない（会203①④）。また、株式会社は、次に掲げる事項について変更があったときは、直ちに、その旨及び当該変更があった事項を募集株式の引受けの申込みをした者に通知しなければならない（会203⑤）。

①	株式会社の商号	
②	募集事項	募集株式の数（種類株式発行会社にあっては、募集株式の種類及び数）
③		募集株式の払込金額（募集株式1株と引換えに払い込む金銭又は給付する現物出資財産の額をいう。）又はその算定方法
④		現物出資財産を出資の目的とするときは、その旨並びに当該現物出資財産の内容及び価額
⑤		募集株式と引換えにする金銭の払込み又は現物出資財産の給付の期日又はその期間
⑥		株式を発行するときは、増加する資本金及び資本準備金に関する事項
⑦	金銭の払込みをすべきときは、払込みの取扱いの場所	
⑧	①から⑦までに掲げるもののほか、会社法施行規則第41条で定める事項	

　募集株式の引受けの申込みをする者は、次に掲げる事項を記載した書面を株式会社に交付しなければならない（会203②）。この申込みをする者は、書面の

交付に代えて、株式会社の承諾を得て、次に掲げる事項を電磁的方法により提供することができる（会203③）。実務では、会社が委託した払込取扱金融機関に対し、払込金額と同額の申込証拠金を添えて引受けの申込みを行い、その申込証拠金が払込期日に払込金額に充当されるのが一般的である[20]。

①	申込みをする者の氏名又は名称及び住所
②	引き受けようとする募集株式の数

　なお、募集株式の申込みに係る規定（会203）は、募集株式を引き受けようとする者がその総数の引受けを行う契約（以下、**❸**において「総数引受契約」という）を締結する場合には、適用しない（会205①）。

> 　総数引受契約は、契約書が１通であることや契約の当事者が１人であることは必要とされておらず、株式会社が複数の契約書で複数の当事者との間で契約を締結する場合にも、会社法第205条は適用され得る。ただし、総数引受契約といい得るためには、実質的に同一の機会に一体的な契約で募集株式の総数の引受けが行われたものと評価し得るものであることを要する[21]。

関 係 法 令 等

（申込みをしようとする者に対して通知すべき事項）
会社法施行規則第41条
　法第203条第１項第４号に規定する法務省令で定める事項は、次に掲げる事項とする。
　　一　発行可能株式総数（種類株式発行会社にあっては、各種類の株式の発行可能種類株式総数を含む。）
　　二　株式会社（種類株式発行会社を除く。）が発行する株式の内容として法第107条第１項各号に掲げる事項を定めているときは、当該株式の内容
　　三　株式会社（種類株式発行会社に限る。）が法第108条第１項各号に掲げる事項につき内容の異なる株式を発行することとしているときは、各種類の株式の内容（ある種類の株式につき同条第３項の定款の定めがある場合に

---

20)　奥島ほか・前掲注10）411・413・416・427頁
21)　相澤・前掲注１）208頁

おいて、当該定款の定めにより株式会社が当該種類の株式の内容を定めて
いないときは、当該種類の株式の内容の要綱）

四　単元株式数についての定款の定めがあるときは、その単元株式数（種類
株式発行会社にあっては、各種類の株式の単元株式数）

五　次に掲げる定款の定めがあるときは、その規定

イ　法第139条第1項、第140条第5項又は第145条第1号若しくは第2号に
規定する定款の定め

ロ　法第164条第1項に規定する定款の定め

ハ　法第167条第3項に規定する定款の定め

ニ　法第168条第1項又は第169条第2項に規定する定款の定め

ホ　法第174条に規定する定款の定め

ヘ　法第347条に規定する定款の定め

ト　第26条第1号又は第2号に規定する定款の定め

六　株主名簿管理人を置く旨の定款の定めがあるときは、その氏名又は名称
及び住所並びに営業所

七　定款に定められた事項（法第203条第1項第1号から第3号まで及び前各
号に掲げる事項を除く。）であって、当該株式会社に対して募集株式の引受
けの申込みをしようとする者が当該者に対して通知することを請求した事
項

3.5　募集株式の割当て・引受け

　株式会社は、募集株式の引受けの申込みをした者（以下、❸において「申込
者」という。）の中から募集株式の割当てを受ける者を定め、かつ、その者に割
り当てる募集株式の数を定めなければならない。この場合において、株式会社
は、当該申込者に割り当てる募集株式の数を、申込者が引き受けようとする数
よりも減少することができる（会204①）。

　この決定は、募集株式が譲渡制限株式である場合には、定款に別段の定めが
ある場合を除き、公開会社においては、取締役会の決議によらなければならな
い（会204②、327①一）。

　すなわち、公開会社における第三者割当ての募集株式の割当機関は、次の通

りである。

	公開会社	
	取締役会設置会社（会327①一）	
	通常発行	有利発行
原則	代表取締役等[22]（会204①）	
例外	募集株式が譲渡制限株式である場合には取締役会の決議 （定款で別段の定め可）（会204②）	

　株式会社は、払込期日又は払込期間の初日の前日までに、申込者に対し、当該申込者に割り当てる募集株式の数を通知しなければならない（会204③）。

　申込者は、株式会社の割り当てた募集株式の数について募集株式の引受人となる（会206一）。

　なお、募集株式の割当てに係る規定（会204）は、総数引受契約を締結する場合には、適用しない（会205①）。ただし、募集株式が譲渡制限株式であるときは、公開会社は、定款に別段の定めがある場合を除き、取締役会の決議によって、総数引受契約の承認を受けなければならない（会205②、327①一）。また、総数引受契約により募集株式の総数を引き受けた者は、その者が引き受けた募集株式の数について募集株式の引受人となる（会206二）。

　　申込人が多数の場合には誰に割り当ててもよいとする割当自由の原則が認められるが、例えば、資金調達のニーズがないのに取締役が一部の者に多数の新株を割り当てるような第三者割当ては、たとえその払込金額が公正であり、有利発行とならない場合であっても、著しく不公正な発行として差止め（会210二）の対象となる[23]。

3.6　支配株主の異動を伴う募集株式の発行等

　公開会社は、第三者割当てによる募集株式の発行を行う場合において、募集

---

22)　相澤・前掲注1）197頁
23)　神田・前掲注6）157、162頁

株式の引受人について、

$$
\frac{\text{当該引受人（その子会社等を含む。）がその引き受けた募集株式の株主となった場合に有することとなる議決権の数}}{\text{当該募集株式の引受人の全員がその引き受けた募集株式の株主となった場合における総株主の議決権の数}} > \frac{1}{2}
$$

となるときは、払込期日又は払込期間の初日の 2 週間前までに、株主に対し、金融商品取引法に基づく届出をしている場合等を除き、当該引受人（以下、❸において「特定引受人」という。）の氏名又は名称及び住所、特定引受人が有することとなる議決権の数等を通知し、又は公告しなければならない。ただし、当該特定引受人が当該公開会社の親会社等である場合は、支配株主の異動をもたらさないから[24]、規制の対象とならない（会206の 2 ①～③、会施規42の 2 ）。

　この通知又は公告の日から 2 週間以内に、総株主の議決権の10分の 1 （これを下回る割合を定款で定めた場合にあっては、その割合）以上の議決権を有する株主が特定引受人による募集株式の引受けに反対する旨を公開会社に対し通知したときは、当該公開会社は、株主総会の決議によって、当該特定引受人に対する募集株式の割当て又は当該特定引受人との間の総数引受契約の承認を受けなければならない。ただし、当該公開会社の財産の状況が著しく悪化している場合において、当該公開会社の事業の継続のため緊急の必要があるときは、株主総会を開催する時間的余裕がないと考えられるため[25]、株主総会による承認は不要である（会206の 2 ④）。

　この株主総会の決議は、議決権を行使することができる株主の議決権の過半数（ 3 分の 1 以上の割合を定款で定めた場合にあっては、その割合以上）を有する株主が出席し、出席した当該株主の議決権の過半数（これを上回る割合を定款で定めた場合にあっては、その割合以上）をもって行わなければならない（会206の 2 ⑤）。この株主総会の決議はいわゆる特則普通決議であり、役員の選任及び

---

24)　神田・前掲注 6 ）158頁
25)　神田・前掲注 6 ）158頁

解任の決議（会341）と同様の決議要件である。

例 **支配株主の異動を伴う募集株式の発行等**

	増資前		取得した 新株の数	増資後	
	所有株式数	持株割合		所有株式数	持株割合
P 1	40,000株	40%	80,000株	120,000株	60%
P 2	30,000株	30%	20,000株	50,000株	25%
P 3	20,000株	20%	0 株	20,000株	10%
P 4	10,000株	10%	0 株	10,000株	5 %
計	100,000株	100%	100,000株	200,000株	100%

非公開会社における第三者割当て

4.1　募集事項の決定

　株式会社は、株主割当てによらず、その発行する株式又はその処分する自己株式を引き受ける者の募集をしようとするときは、その都度、募集株式について次に掲げる事項（以下、**4**において「募集事項」という。）を定めなければならない（会199①）。

①	募集事項	募集株式の数（種類株式発行会社にあっては、募集株式の種類及び数）
②		募集株式の払込金額（募集株式1株と引換えに払い込む金銭又は給付する現物出資財産の額をいう。）又はその算定方法
③		現物出資財産を出資の目的とするときは、その旨並びに当該現物出資財産の内容及び価額
④		募集株式と引換えにする金銭の払込み又は現物出資財産の給付の期日又はその期間
⑤		株式を発行するときは、増加する資本金及び資本準備金に関する事項

4.2　募集事項の決定機関

　非公開会社においては、既存株主の利益保護のため[26]、募集事項の決定は、株主総会の特別決議によらなければならない（会199②、309②五）。この場合において、払込金額が募集株式を引き受ける者に特に有利な金額であるときは、取締役は、株主総会において、当該払込金額でその者の募集をすることを必要とする理由を説明しなければならない（会199③）。

---

26)　神田・前掲注6）154頁

　ただし、株主総会においては、その特別決議によって、募集事項の決定を取締役（取締役会設置会社にあっては、取締役会）に委任することができる（会200①、309②五）。この場合においては、その委任に基づいて募集事項の決定をすることができる募集株式の数の上限及び払込金額の下限を定めなければならず、払込金額の下限が募集株式を引き受ける者に特に有利な金額であるときは、取締役は、株主総会において、当該払込金額でその者の募集をすることを必要とする理由を説明しなければならない（会200①②）。

　すなわち、非公開会社における第三者割当ての募集事項の決定機関は、次の通りである。

	非公開会社			
	非取締役会設置会社		取締役会設置会社（会326②）	
	通常発行	有利発行	通常発行	有利発行
原則	株主総会の特別決議（会199②・309②五）			
例外	株主総会の委任（注）に基づく 取締役の決定（会200①）		株主総会の委任（注）に基づく 取締役会の決議（会200①）	

（注）　この委任は、株主総会の特別決議による（会309②五）。この場合においては、その委任に基づいて募集事項の決定をすることができる募集株式の数の上限及び払込金額の下限を定めなければならず、この決議は、払込期日又は払込期間の末日が当該決議の日から１年以内の日である募集についてのみその効力を有する（会200①③）。

　なお、種類株式発行会社において、募集株式の種類が譲渡制限株式であるときは、当該種類の株式に関する募集事項の決定は、①当該種類の株式を引き受ける者の募集について当該種類の株式の種類株主を構成員とする種類株主総会の決議を要しない旨の定款の定めがある場合及び②当該種類株主総会において議決権を行使することができる種類株主が存しない場合を除き、当該種類株主総会の決議がなければ、その効力を生じない（会199④）。非公開会社においては全ての種類の株式が譲渡制限株式であるため、基本的には、既に発行している譲渡制限株式をさらに発行する場合には、この種類株主総会の決議が必要となる[27]。

　この種類株主総会の決議は、当該種類株主総会において議決権を行使するこ

とができる株主の議決権の過半数（3分の1以上の割合を定款で定めた場合にあっては、その割合以上）を有する株主が出席し、出席した当該株主の議決権の3分の2（これを上回る割合を定款で定めた場合にあっては、その割合）以上に当たる多数をもって行わなければならない。この場合においては、当該決議の要件に加えて、一定の数以上の株主の賛成を要する旨その他の要件を定款で定めることを妨げない（会324②二）。

4.3　募集株式の申込み

　株式会社は、募集株式の引受けの申込みをしようとする者に対し、金融商品取引法に基づく目論見書を交付している場合等を除き、次に掲げる事項を通知しなければならない（会203①④）。また、株式会社は、次に掲げる事項について変更があったときは、直ちに、その旨及び当該変更があった事項を募集株式の引受けの申込みをした者に通知しなければならない（会203⑤）。

①	株式会社の商号	
②	募集事項	募集株式の数（種類株式発行会社にあっては、募集株式の種類及び数）
③		募集株式の払込金額（募集株式1株と引換えに払い込む金銭又は給付する現物出資財産の額をいう。）又はその算定方法
④		現物出資財産を出資の目的とするときは、その旨並びに当該現物出資財産の内容及び価額
⑤		募集株式と引換えにする金銭の払込み又は現物出資財産の給付の期日又はその期間
⑥		株式を発行するときは、増加する資本金及び資本準備金に関する事項
⑦	金銭の払込みをすべきときは、払込みの取扱いの場所	
⑧	①から⑦までに掲げるもののほか、会社法施行規則第41条で定める事項	

27）　相澤・前掲注1）198頁

　募集株式の引受けの申込みをする者は、次に掲げる事項を記載した書面を株式会社に交付しなければならない（会203②）。この申込みをする者は、書面の交付に代えて、株式会社の承諾を得て、次に掲げる事項を電磁的方法により提供することができる（会203③）。実務では、会社が委託した払込取扱金融機関に対し、払込金額と同額の申込証拠金を添えて引受けの申込みを行い、その申込証拠金が払込期日に払込金額に充当されるのが一般的である[28]。

| ① | 申込みをする者の氏名又は名称及び住所 |
| ② | 引き受けようとする募集株式の数 |

　なお、募集株式の申込みに係る規定（会203）は、募集株式を引き受けようとする者がその総数の引受けを行う契約（以下、❹において「総数引受契約」という）を締結する場合には、適用しない（会205①）。

　　　総数引受契約は、契約書が1通であることや契約の当事者が1人であることは必要とされておらず、株式会社が複数の契約書で複数の当事者との間で契約を締結する場合にも、会社法第205条は適用され得る。ただし、総数引受契約といい得るためには、実質的に同一の機会に一体的な契約で募集株式の総数の引受けが行われたものと評価し得るものであることを要する[29]。

関 係 法 令 等

（申込みをしようとする者に対して通知すべき事項）
会社法施行規則第41条
　法第203条第1項第4号に規定する法務省令で定める事項は、次に掲げる事項とする。
　一　発行可能株式総数（種類株式発行会社にあっては、各種類の株式の発行可能種類株式総数を含む。）
　二　株式会社（種類株式発行会社を除く。）が発行する株式の内容として法第107条第1項各号に掲げる事項を定めているときは、当該株式の内容
　三　株式会社（種類株式発行会社に限る。）が法第108条第1項各号に掲げる

28）　奥島ほか・前掲注10）411・413・416・427頁
29）　相澤・前掲注1）208頁

事項につき内容の異なる株式を発行することとしているときは、各種類の株式の内容（ある種類の株式につき同条第3項の定款の定めがある場合において、当該定款の定めにより株式会社が当該種類の株式の内容を定めていないときは、当該種類の株式の内容の要綱）

四　単元株式数についての定款の定めがあるときは、その単元株式数（種類株式発行会社にあっては、各種類の株式の単元株式数）

五　次に掲げる定款の定めがあるときは、その規定

イ　法第139条第1項、第140条第5項又は第145条第1号若しくは第2号に規定する定款の定め

ロ　法第164条第1項に規定する定款の定め

ハ　法第167条第3項に規定する定款の定め

ニ　法第168条第1項又は第169条第2項に規定する定款の定め

ホ　法第174条に規定する定款の定め

ヘ　法第347条に規定する定款の定め

ト　第26条第1号又は第2号に規定する定款の定め

六　株主名簿管理人を置く旨の定款の定めがあるときは、その氏名又は名称及び住所並びに営業所

七　定款に定められた事項（法第203条第1項第1号から第3号まで及び前各号に掲げる事項を除く。）であって、当該株式会社に対して募集株式の引受けの申込みをしようとする者が当該者に対して通知することを請求した事項

4.4　募集株式の割当て・引受け

　株式会社は、募集株式の引受けの申込みをした者（以下、❹において「申込者」という。）の中から募集株式の割当てを受ける者を定め、かつ、その者に割り当てる募集株式の数を定めなければならない。この場合において、株式会社は、当該申込者に割り当てる募集株式の数を、申込者が引き受けようとする数よりも減少することができる（会204①）。

　この決定は、定款に別段の定めがある場合を除き、非公開会社においては、株主総会（取締役会設置会社にあっては、取締役会）の決議によらなければなら

ない（会204②、309②五）。

　すなわち、非公開会社における第三者割当ての募集株式の割当機関は、次の通りである。

	非公開会社			
	非取締役会設置会社		取締役会設置会社（会326②）	
	通常発行	有利発行	通常発行	有利発行
原則	株主総会の特別決議 （会204②・309②五）		取締役会の決議 （会204②）	
例外	定款で別段の定め（会204②但書）			

　株式会社は、払込期日又は払込期間の初日の前日までに、申込者に対し、当該申込者に割り当てる募集株式の数を通知しなければならない（会204③）。

　申込者は、株式会社の割り当てた募集株式の数について募集株式の引受人となる（会206一）。

　なお、募集株式の割当てに係る規定（会204）は、総数引受契約を締結する場合には、適用しない（会205①）。ただし、非公開会社は、定款に別段の定めがある場合を除き、株主総会（取締役会設置会社にあっては、取締役会）の決議によって、総数引受契約の承認を受けなければならない（会205②、309②五）。また、総数引受契約により募集株式の総数を引き受けた者は、その者が引き受けた募集株式の数について募集株式の引受人となる（会206二）。

　　　申込人が多数の場合には誰に割り当ててもよいとする割当自由の原則が認められるが、例えば、資金調達のニーズがないのに取締役が一部の者に多数の新株を割り当てるような第三者割当ては、たとえその払込金額が公正であり、有利発行とならない場合であっても、著しく不公正な発行として差止め（会210二）の対象となる[30]。

---

30)　神田・前掲注6）157、162頁

5 現物出資

　株式会社は、現物出資財産を出資の目的とすることを定めたときは、募集事項の決定の後遅滞なく、現物出資財産の価額を調査させるため、裁判所に対し、検査役の選任の申立てをしなければならない（会207①）。

　検査役は、必要な調査を行い、当該調査の結果を記載し、又は記録した書面又は電磁的記録を裁判所に提供して報告をしなければならない（会207④）。

　裁判所は、この報告を受けた場合において、現物出資財産について募集事項で定めた価額（会199①三）を不当と認めたときは、これを変更する決定をしなければならない（会207⑦）。

　現物出資財産を給付する募集株式の引受人は、この決定により現物出資財産の価額の全部又は一部が変更された場合には、この決定の確定後1週間以内に限り、その募集株式の引受けの申込み又は総数引受契約に係る意思表示を取り消すことができる（会207⑧）。

　なお、次に掲げる場合には、それぞれ次に掲げる事項については、検査役の調査を要しない（会207⑨）。

①	募集株式の引受人に割り当てる株式の総数が発行済株式の総数の10分の1を超えない場合（注1）	当該募集株式の引受人が給付する現物出資財産の価額
②	現物出資財産について募集事項で定めた価額の総額が500万円を超えない場合（注2）	当該現物出資財産の価額
③	現物出資財産のうち、市場価格のある有価証券について募集事項で定めた価額が当該有価証券の市場価格として会社法施行規則第43条で定める方法により算定されるものを超えない場合	当該有価証券についての現物出資財産の価額
④	現物出資財産について募集事項で定めた価額が相当であることについて弁護士、弁護士法人、公認会計士、監査法人、税理士又は税理士法人の証明（現物出資財産が不動産である場合にあっては、当該証明及び不動産鑑定士の鑑定評価）を受けた場合	当該証明を受けた現物出資財産の価額

⑤	現物出資財産が株式会社に対する金銭債権（弁済期が到来しているものに限る。）であって、当該金銭債権について募集事項で定めた価額が当該金銭債権に係る負債の帳簿価額を超えない場合（注3）	当該金銭債権についての現物出資財産の価額

（注1） 親会社が100％子会社に事業の現物出資をする場合等には、割当株式数をできる限り少なくすることにより、検査役の調査を省略することができる[31]。

（注2） 現物出資財産の「価額」を低く設定すると有利発行になる可能性もあるが、その手続さえ厭わなければ、現物出資財産に係る価額の総額をその客観的価値よりも低く定め、500万円以下に抑えることにより、検査役の調査を省略することができる[32]。

（注3） 債務の株式化（Debt Equity Swap）に用いられることが予定されている。弁済期が到来している金銭債権に限られるので、会社が債務の株式化を望む場合には、弁済期未到来のものについては、期限の利益を放棄する必要がある[33]。

【関】【係】【法】【令】【等】

（検査役の調査を要しない市場価格のある有価証券）

会社法施行規則第43条

　法第207条第9項第3号に規定する法務省令で定める方法は、次に掲げる額のうちいずれか高い額をもって同号に規定する有価証券の価格とする方法とする。

　　一　法第199条第1項第3号の価額を定めた日（以下この条において「価額決定日」という。）における当該有価証券を取引する市場における最終の価格（当該価額決定日に売買取引がない場合又は当該価額決定日が当該市場の休業日に当たる場合にあっては、その後最初になされた売買取引の成立価格）

　　二　価額決定日において当該有価証券が公開買付け等の対象であるときは、当該価額決定日における当該公開買付け等に係る契約における当該有価証券の価格

31）　相澤・前掲注1）206頁
32）　相澤・前掲注1）206頁
33）　相澤・前掲注1）207頁

6 出資の履行等

6.1 出資の履行

　募集株式の引受人（現物出資財産を給付する者を除く。）は、払込期日又は払込期間内に、株式会社が定めた銀行等の払込みの取扱いの場所において、それぞれの募集株式の払込金額の全額を払い込まなければならない（会208①）。実務では、会社が委託した払込取扱金融機関に対し、払込金額と同額の申込証拠金を添えて引受けの申込みを行い、その申込証拠金が払込期日に払込金額に充当されるのが一般的である[34]。

　また、募集株式の引受人（現物出資財産を給付する者に限る。）は、払込期日又は払込期間内に、それぞれの募集株式の払込金額の全額に相当する現物出資財産を給付しなければならない（会208②）。

　募集株式の引受人の側から、金銭の払込み又は現物出資財産の給付をする債務と株式会社に対する債権とを相殺することはできない（会208③）。

　なお、募集株式の引受人は、出資の履行をすることにより募集株式の株主となる権利を譲渡しても、株式会社に対抗することができず、また、出資の履行をしないときは、当該出資の履行をすることにより募集株式の株主となる権利を失う（会208④⑤）。

6.2 株主となる時期

　募集株式の引受人は、①払込期日を定めた場合は、払込期日に、②払込期間を定めた場合は、出資の履行をした日に、出資の履行をした募集株式の株主となる（会209①）。

---

34)　奥島ほか・前掲注10）411・413・416・427頁

株式発行の瑕疵に対する措置

7.1 募集株式の発行等をやめることの請求

次に掲げる場合において、株主が不利益を受けるおそれがあるときは、株主は、株式会社に対し、募集に係る株式の発行又は自己株式の処分をやめることを請求することができる（会210）。

①	当該株式の発行又は自己株式の処分が法令又は定款に違反する場合
②	当該株式の発行又は自己株式の処分が著しく不公正な方法により行われる場合

この請求は訴訟で行うこともでき、その訴えを本案として発行差止めの仮処分を求めることもできる（民保23②）[35]。

7.2 新株発行等の無効又は不存在の確認の訴え

株式会社の成立後における株式の発行の無効は、株式の発行の効力が生じた日から6か月以内（非公開会社にあっては、株式の発行の効力が生じた日から1年以内）に、訴えをもってのみ主張することができる（会828①二）。

また、自己株式の処分の無効は、自己株式の処分の効力が生じた日から6か月以内（非公開会社にあっては、自己株式の処分の効力が生じた日から1年以内）に、訴えをもってのみ主張することができる（会828①三）。

これらの訴えは、当該株式会社の株主、取締役、監査役（監査役設置会社に限る。）又は清算人に限り、提起することができる（会828②二・三）。

---

[35] 神田・前掲注6）162頁

最判昭和46・7・16

　株式会社の代表取締役が新株を発行した場合には、上記新株が、株主総会の特別決議を経ることなく、株主以外の者に対して特に有利な発行価額をもって発行されたものであっても、その瑕疵は、新株発行無効の原因とはならないものと解すべきである。

　（注）　本事案は、会社法でいえば公開会社の事案であり、その限りで現在でも判例として
　　　の意義が認められる[36]（cf　最判平24・4・24）。

最判平5・12・16

　商法第280条ノ10に基づく新株発行差止請求訴訟を本案とする新株発行差止めの仮処分命令があるにもかかわらず、あえて上記仮処分命令に違反して新株発行がされた場合には、上記仮処分命令違反は、同法第280条ノ15に規定する新株発行無効の訴えの無効原因となるものと解するのが相当である。けだし、同法第280条ノ10に規定する新株発行差止請求の制度は、会社が法令若しくは定款に違反し、又は著しく不公正な方法によって新株を発行することにより従来の株主が不利益を受けるおそれがある場合に、上記新株の発行を差し止めることによって、株主の利益の保護を図る趣旨で設けられたものであり、同法第280条ノ3ノ2は、新株発行差止請求の制度の実効性を担保するため、払込期日の2週間前に新株の発行に関する事項を公告し、又は株主に通知することを会社に義務付け、もって株主に新株発行差止めの仮処分命令を得る機会を与えていると解されるのであるから、この仮処分命令に違反したことが新株発行の効力に影響がないとすれば、差止請求権を株主の権利として特に認め、しかも仮処分命令を得る機会を株主に与えることによって差止請求権の実効性を担保しようとした法の趣旨が没却されてしまうことになるからである。

最判平9・1・28

　昭和63年6月の新株発行については、（一）新株発行に関する事項について商法第280条ノ3ノ2に定める公告又は通知がされておらず、（二）新株発行を決議した取締役会について、取締役Dに招集の通知（同法第259条ノ2）がされておらず、（三）代表取締役Aが来たる株主総会における自己の支配権を確立するためにしたものであると認められ、（四）新株を引き受けた者が真実の出資をしたとはいえず、資本の実質的な充実を欠いているというのである。

---

36)　山下友信・神田秀樹『商法判例集〔第7版〕』88頁（有斐閣、2017）

　会社を代表する権限のある取締役によって行われた新株発行は、それが著しく不公正な方法によってされたものであっても有効であるから（最高裁平成 6 年 7 月14日判決参照）、上記（三）の点は新株発行の無効原因とならず、また、いわゆる見せ金による払込みがされた場合など新株の引受けがあったとはいえない場合であっても、取締役が共同してこれを引き受けたものとみなされるから（同法第280条ノ13第 1 項）、新株発行が無効となるものではなく（最高裁昭和30年 4 月19日判決参照）、上記（四）の点も新株発行の無効原因とならない。

　しかしながら、新株発行に関する事項の公示（同法第280条ノ 3 ノ 2 に定める公告又は通知）は、株主が新株発行差止請求権（同法第280条ノ10）を行使する機会を保障することを目的として会社に義務付けられたものであるから（最高裁平成 5 年12月16日判決参照）、新株発行に関する事項の公示を欠くことは、新株発行差止請求をしたとしても差止めの事由がないためにこれが許容されないと認められる場合でない限り、新株発行の無効原因となると解するのが相当であり、上記（三）及び（四）の点に照らせば、本件において新株発行差止請求の事由がないとはいえないから、結局、本件の新株発行には、上記（一）の点で無効原因があるといわなければならない。

最判平24・4・24

　非公開会社については、その性質上、会社の支配権に関わる持株比率の維持に係る既存株主の利益の保護を重視し、その意思に反する株式の発行は株式発行無効の訴えにより救済するというのが会社法の趣旨と解されるのであり、非公開会社において、株主総会の特別決議を経ないまま株主割当て以外の方法による募集株式の発行がされた場合、その発行手続には重大な法令違反があり、この瑕疵は上記株式発行の無効原因になると解するのが相当である。

＊　　　　　＊　　　　　＊

　なお、新株発行・自己株式処分の実体がないといえるほど瑕疵が大きいような例外的な場合には、新株発行・自己株式処分は不存在というしかなく、誰でも、いつでも、新株発行・自己株式処分の不存在を主張することができるが、法律関係の安定のため、不存在確認の訴えの制度が設けられている（会829)[37]。

---

37)　神田・前掲注 6) 164-165頁

7.3　募集に係る責任等

　募集株式の引受人は、次に掲げる場合には、株式会社に対し、それぞれ次に掲げる額を支払う義務を負う（会212①）。

①	取締役と通じて著しく不公正な払込金額で募集株式を引き受けた場合	当該払込金額と当該募集株式の公正な価額との差額に相当する金額
②	募集株式の株主となった時におけるその給付した現物出資財産の価額が募集事項で定められた価額に著しく不足する場合	当該不足額

　上記①は、募集事項として定められた払込金額（募集株式 1 株と引換えに払い込む金銭又は給付する現物出資財産の額をいう。）自体が不公正である場合の責任であるが、引受人と取締役との通謀が要件とされている。この責任は、特に有利な払込価額による募集であるとして、その理由を説明して株主総会の決議を経た場合であったとしても生ずる[38]。

　上記②は、引受人が実際に給付した現物出資財産の客観的な価額が、募集事項で定められていた現物出資財産の価額に著しく不足する場合の責任である[39]。そのため、引受人が現物出資財産の価額が募集事項で定めた価額に著しく不足することにつき善意でかつ重大な過失がないときは、募集株式の引受けの申込み又は総数引受契約に係る意思表示を取り消すことができる（会212②）。

　なお、上記②に掲げる場合には、一定の取締役は、現物出資財産の価額について検査役の調査を経たとき又はその職務を行うについて注意を怠らなかったことを証明したときを除き、株式会社に対し、引受人と連帯して上記②に掲げる額を支払う義務を負う（会213①②④一）。また、現物出資財産の募集事項で定めた価額が相当であることについて証明をした弁護士等も、その証明をするについて注意を怠らなかったことを証明したときを除き、株式会社に対し、引

---

38)　相澤・前掲注 1 ）212頁
39)　相澤・前掲注 1 ）212-213頁

受人と連帯して上記②に掲げる額を支払う義務を負う（会213③④二）。

最判昭50・4・8 ▬▬▬▬▬▬▬▬▬▬▬▬▬▬▬▬▬▬

　普通株式を発行し、その株式が証券取引所に上場されている株式会社が、額面普通株式を株主以外の第三者に対していわゆる時価発行をする場合に、発行価額が価額決定直前の株価より低額であっても、価額決定にあたって発行価額決定前の当該会社の株価、上記株価の騰落習性、売買出来高の実績、会社の資産状態、収益状態、配当状況、発行済株式数、新たに発行される株式数、株式市況の動向、これらから予測される新株の消化可能性等の諸事情が客観的資料に基づいて斟酌され、価額決定のために採られた算定方法が合理的であるということができ、かつ、発行価額が価額決定直前の株価に近接している場合は、上記価額は、特別の事情がない限り、商法第280条ノ11第1項に定める「著シク不公正ナル発行価額」に当たらない。

＊　　　　　＊　　　　　＊

7.4　株主による責任追及等の訴え

　株主（公開会社にあっては、6か月前から引き続き株式を有する株主）は、定款の定めによりその権利を行使することができない単元未満株主を除き、株式会社に対し、会社法第212条《不公正な払込金額で株式を引き受けた者等の責任》第1項の規定による支払いを求める訴えの提起を請求することができ（会847①②）、株式会社がこの請求の日から60日以内に訴えを提起しないときは、当該請求をした株主は、株式会社のために、責任追及等の訴えを提起することができる（会847③）。

❽　令和元年改正法（参考）

　株式会社が取締役の報酬等として当該株式会社の募集株式を付与する場合には、当該募集株式の数の上限等（以下、❽において、「会社法第361条第１項第３号に掲げる事項」という。）について、定款に定めがあるときを除き、株主総会の決議によってこれを定めることとされた（会361①三）。

　また、令和元年改正前の会社法においては、株式会社は、その発行する株式又はその処分する自己株式を引き受ける者の募集をしようとするときは、常に募集株式の払込金額又はその算定方法を定めなければならないこととされていたため、取締役の報酬等として当該株式会社の募集株式を付与しようとする株式会社においては、実務上、当該募集株式と引換えにする払込みに充てるための金銭を取締役の報酬等とした上で、取締役に募集株式を割り当て、引受人となった取締役をして株式会社に対する報酬支払請求権をもって現物出資財産として給付させることによって株式の発行等をするということがされていたが、このような方法は技巧的であり、かつ、このように株式の発行等をした場合の資本金等の取扱いが明確でないと指摘されていたことを踏まえ、同改正において、取締役の報酬等として株式を付与する場合に限り、金銭の払込み等を要しないこととされた[40]。

　具体的には、上場会社は、定款又は株主総会の決議による会社法第361条《取締役の報酬等》第１項第３号に掲げる事項についての定めに従いその発行する株式又はその処分する自己株式を引き受ける者の募集をするときは、次の①及び②に掲げる事項を定めることを要しないこととされた（会202の２①柱書前段）。

①	募集株式の払込金額又はその算定方法（会199①二）
②	募集株式と引換えにする金銭の払込み又は金銭以外の財産の給付の期日又はその期間（会199①四）

---

[40]　竹林俊憲『一問一答　令和元年改正会社法』88頁（商事法務、2020）

　この場合において、当該上場会社は、募集株式について次の①及び②に掲げる事項を定めなければならないこととされた（会202の２①柱書後段）。

①	取締役の報酬等として当該募集に係る株式の発行又は自己株式の処分をするものであり、募集株式と引換えにする金銭の払込み又は金銭以外の財産の給付を要しない旨（会202の２①一）
②	募集株式を割り当てる日（会202の２①二）

　これらの事項についての定めがある場合には、定款又は株主総会の決議による会社法第361条第１項第３号に掲げる事項についての定めに係る取締役（取締役であった者を含む。）以外の者は、募集株式の引受けの申込みをし、又は総数引受契約を締結することができない（会205③）。

　そして、募集株式の引受人は、募集株式を割り当てる日（会202の２①二）に、その引き受けた募集株式の株主となる（会209④）。

　なお、上場会社が取締役の報酬等として出資の履行を要しないで募集株式の発行をする場合には、当該募集株式の払込金額又はその算定方法（会199①二）を定めることを要しないこととされているため（会202の２①柱書前段）、この場合には、有利発行規制は、適用されないこととなる。当該募集株式は取締役の職務執行の対価として交付され、取締役は株式会社に対して職務執行により役務を提供するため、金銭の払込み等を要しないこととすることが特に有利な条件に該当することは想定し難く、また、会社法第361条第１項第３号に掲げる事項について株主総会の決議を必要とすることにより、許容される希釈化の限度について株主の意思を確認することとしているため、重ねて有利発行規制を適用するまでの必要性はないと考えられる[41]。

---

41)　竹林・前掲注40）94頁

【関】【係】【法】【令】【等】

（取締役の報酬等）

会社法第361条

1　取締役の報酬、賞与その他の職務執行の対価として株式会社から受ける財産上の利益（以下この章において「報酬等」という。）についての次に掲げる事項は、定款に当該事項を定めていないときは、株主総会の決議によって定める。

　　三　報酬等のうち当該株式会社の募集株式（第199条第1項に規定する募集株式をいう。以下この項及び第409条第3項において同じ。）については、当該募集株式の数（種類株式発行会社にあっては、募集株式の種類及び種類ごとの数）の上限その他法務省令で定める事項

（取締役の報酬等のうち株式会社の募集株式について定めるべき事項）

会社法施行規則第98条の2

　法第361条第1項第3号に規定する法務省令で定める事項は、同号の募集株式に係る次に掲げる事項とする。

　　一　一定の事由が生ずるまで当該募集株式を他人に譲り渡さないことを取締役に約させることとするときは、その旨及び当該一定の事由の概要

　　二　一定の事由が生じたことを条件として当該募集株式を当該株式会社に無償で譲り渡すことを取締役に約させることとするときは、その旨及び当該一定の事由の概要

　　三　前2号に掲げる事項のほか、取締役に対して当該募集株式を割り当てる条件を定めるときは、その条件の概要

第2章

有利発行に係る法人税法の規定

1 益金の意義

法人税法第22条は、次の通り規定している。

法人税法第22条

1　内国法人の各事業年度の所得の金額は、当該事業年度の益金の額から当該事業年度の損金の額を控除した金額とする。

2　内国法人の各事業年度の所得の金額の計算上当該事業年度の益金の額に算入すべき金額は、別段の定めがあるものを除き、資産の販売、有償又は無償による資産の譲渡又は役務の提供、無償による資産の譲受けその他の取引で資本等取引以外のものに係る当該事業年度の収益の額とする。

3　内国法人の各事業年度の所得の金額の計算上当該事業年度の損金の額に算入すべき金額は、別段の定めがあるものを除き、次に掲げる額とする。

　一　当該事業年度の収益に係る売上原価、完成工事原価その他これらに準ずる原価の額

　二　前号に掲げるもののほか、当該事業年度の販売費、一般管理費その他の費用（償却費以外の費用で当該事業年度終了の日までに債務の確定しないものを除く。）の額

　三　当該事業年度の損失の額で資本等取引以外の取引に係るもの

4　第2項に規定する当該事業年度の収益の額及び前項各号に掲げる額は、別

> 段の定めがあるものを除き、一般に公正妥当と認められる会計処理の基準に従って計算されるものとする。
>
> 5　第2項又は第3項に規定する資本等取引とは、法人の資本金等の額の増加又は減少を生ずる取引並びに法人が行う利益又は剰余金の分配（資産の流動化に関する法律第115条第1項（中間配当）に規定する金銭の分配を含む。）及び残余財産の分配又は引渡しをいう。

　本条第2項は、内国法人の各事業年度の益金の額に算入すべき金額は、資本等取引以外の「取引」に係る当該事業年度の収益の額とする旨規定している。この「資本等取引」とは、①法人の資本金等の額の増加又は減少を生ずる取引並びに②法人が行う利益又は剰余金の分配及び残余財産の分配又は引渡しをいう。

　本条第1項及び第2項について、品川名誉教授は、「法人が稼得するすべての利得を収益（所得）として認識しようとするもので、……課税標準となる『所得』をいわゆる包括的所得概念……であると考えようとしていることに通じている[1]」と述べておられる。また、金子名誉教授は、この「包括的所得概念」について、「この考え方のもとでは、人の担税力を増加させる経済的利得はすべて所得を構成することになり、したがって、反覆的・継続的利得のみでなく、一時的・偶発的・恩恵的利得も所得に含まれることになる[2]」と述べておられる。

　なお、発行法人にとって、新株の有利発行は、本条第5項にいう「資本等取引」に該当し、発行法人の資本金等の額（法法2十六）が払込金額だけ増加するのみで、原則として発行法人に課税関係は生じないと考えられている[3]。

1.1　法人税法22条2項にいう「取引」の意義

　新株の有利発行の事案において、法人税法第22条第2項にいう「取引」の意

1）　品川芳宣「会社間の株式の有利発行と受贈益の有無」『週刊 T&A master』第667号（2016）
2）　金子宏『租税法　第23版』195頁（弘文堂、2019）
3）　岡村忠生ほか「有利発行課税の構造と問題」『新しい法人税法』255頁（有斐閣、2007）

義について判示した例として、最高裁平成18年1月24日判決（**第2部 事例1**）及び東京高裁平成22年12月15日判決がある。

最判平18・1・24

（事案の概要）

　本件は、A社がオランダにおいて設立した100％出資の子会社であるD社が、その発行済株式総数の15倍の新株をA社の関連会社であるEファンド社に著しく有利な価額で発行したことに関して、B税務署長が、A社の有するD社株式の資産価値のうち上記新株発行によってEファンド社に移転したものを、A社のEファンド社に対する寄附金と認定して、法人税の更正処分等をした事案である。

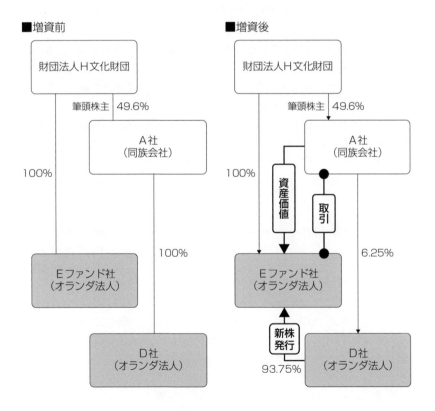

（判決の要旨）

　A社は、D社の唯一の株主であったというのであるから、第三者割当てにより同社の新株の発行を行うかどうか、誰に対してどのような条件で新株発行を行うかを自由に決定することができる立場にあり、著しく有利な価額による第三者割当増資を同社に行わせることによって、その保有する同社株式に表章された同社の資産価値を、同株式から切り離して、対価を得ることなく第三者に移転させることができたものということができる。そして、A社が、D社の唯一の株主の立場において、同社に発行済株式総数の15倍の新株を著しく有利な価額で発行させたのは、A社のD社に対する持株割合を100％から6.25％に減少させ、Eファンド社の持株割合を93.75％とすることによって、D社株式200株に表章されていた同社の資産価値の相当部分を対価を得ることなくEファンド社に移転させることを意図したものということができる。また、上記の新株発行は、A社、D社、Eファンド社及び財団法人H文化財団の各役員が意思を相通じて行ったというのであるから、Eファンド社においても、上記の事情を十分に了解した上で、上記の資産価値の移転を受けたものということができる。

　以上によれば、A社の保有するD社株式に表章された同社の資産価値については、A社が支配し、処分することができる利益として明確に認めることができるところ、A社は、このような利益を、Eファンド社との合意に基づいて同社に移転したというべきである。したがって、この資産価値の移転は、A社の支配の及ばない外的要因によって生じたものではなく、A社において意図し、かつ、Eファンド社において了解したところが実現したものということができるから、法人税法第22条第2項にいう取引に当たるというべきである。

東京高判平22・12・15

（事案の概要）

　本件は、自動車の完成品や組立部品の輸出及び海外での販売事業等を行っているA社が、タイにおいて上記販売事業を行う関連会社であるタイ法人2社（C社及びD社）が発行した株式（以下「本件2社株」という。）を額面価額で引き受けたことについて、甲税務署長が、本件2社株が法人税法施行令（平成18年政令第125号による改正前のもの。）第119条第1項第3号所定の有利発行の有価証券に当たり、その引受価額と時価との差額相当分の利益が生じていたなどとして、法人税の更正処分等をした事案である（次図は、C社株引受時のものである。）。

■増資前

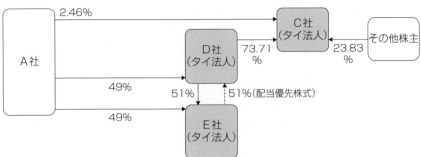

■増資後

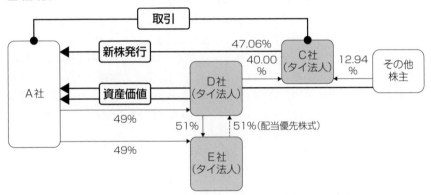

(出典：国税庁HP「税務訴訟資料」を一部加工)

(判決の要旨)

　A社は、最高裁平成18年1月24日判決を引用し、旧株主から新株主への資産価値の移転が問題となる新株引受けにおいては、原則として旧株主と新株主との間に「取引」の存在を認めることはできず、旧株主と新株主との間で株式に表章された資産価値(含み益)を移転させるという「関係者間の意思の合致」が認められる場合に限り、法人税法第22条第2項が適用されるとした上、そのような要件が認められない本件各株式の引受けについては同条項が適用されない旨主張する。

　しかし、本件のような新株の発行においては、そもそもA社による現金の払込みと、その金額を超える時価の新株の取得という「取引」が存在しているのであり、法人税法第22条第2項が、「取引に係る収益の額」と規定し、「取引による収益の額」としていないのは、取引自体から生ずる収益だけでなく、取引に関係した基因から

生ずる収益を含む意味であるから、発行会社と新株主との間に経済的利益の移転がない場合であっても、有利発行により経済的利益を得ていれば、当該収益が益金を構成することになる。そうすると、A社が本件2社株を取得する取引によって、A社に対し当該取引に関係した基因から収益が生じていれば、当該収益はA社の益金の額を構成することになる。

　なお、本件においては、A社が、その子会社等から新株を引き受けたものであるところ、A社の取得価額が株式の適正価額より低額であったことから、株式を引き受けた旧株主であるA社と発行会社との間の取引に関係した基因により、A社について受贈益課税の対象となる利益が生じているか否かが問題となっているのに対し、最高裁平成18年1月24日判決の事案は、株式を引き受けていない旧株主に寄附金課税をする上で、当該旧株主と発行会社との関係においてではなく、当該旧株主と新株主との間の関係における資産価値の移転を問題とした事案であるから、両者の事案は異なっており、本件においても、株式を引き受けていない旧株主と発行会社〔文脈から「株式を引き受けた旧株主」の誤記と思われる〕との関係において取引を構成しなければならない必要は全くない。そうすると、本件のような受贈益課税と最高裁平成18年1月24日判決の事案のような寄附金課税とにより、益金を発生させる取引が異なることは当然であり、これが異なることを問題視するA社の主張は、理由がない。

＊　　　　　　＊　　　　　　＊

　最高裁平成18年1月24日判決と東京高裁平成22年12月15日判決とを比較すると、前者が、「取引」の当事者を既存株主（A社）と新株主（Eファンド社）と見て、「資産価値の移転は、……A社において意図し、かつ、Eファンド社において了解したところが実現した」と述べているのに対して、後者は、「取引」の当事者を株式を引き受けた株主（A社）と発行会社（C社）と見て、「A社が本件2社株を取得する取引によって、A社に対し当該取引に関係した基因から収益が生じ〔た〕」と述べている。前者は、旧株主と新株主との間の合意を認定し、両者の間に「取引」を擬制しているのに対して、前者は、発行会社と株式引受人との間の私法上の契約関係に基づいて、両者の間に「取引」を認定していると解することができる。

参考

1 最高裁平成18年 1 月24日判決の判示について、金子名誉教授は、「〔法人税法第22条第 2 項〕にいう取引は法的取引を意味していると解すべきであるが、最高裁平成18年 1 月24日……判決……は、取引の意義をそれよりも広く解し、子会社に対する支配力ないし影響力の行使をもそれに含めている。この判決が、どれだけの先例性をもっているかは別として、実際上は先例として適用されることもありうると思われるが、その場合にこの解釈を無条件に拡大して適用することには慎重でなければならないと考える[4]」（〔〕内筆者）と述べておられる。

2 最高裁平成18年 1 月24日判決の意義について、太田弁護士は、「本判決は、いわゆる有利発行がなされた場合に、資産価値の移転は発行会社から引受人に対してなされたものと見るのか（発行会社説）、それとも引受人以外の同社の既存株主……から引受人に対してなされたものと見るのか（既存株主説）という問題について、既存株主説の立場を初めて明確に採用し、有利発行をめぐる課税問題についての議論を大きく進展させた[5]」と述べておられる。

1.2 低額取引における法人税法22条 2 項の適用可能性

法人税法第22条第 2 項は、「無償による資産の譲受け」を掲げているところ、金子名誉教授は、「通常の対価よりも低い対価で取引を行った場合にもこの規定が適用されるかどうかは、明文上は明らかでないが、積極に解すべきである[6]」と述べておられる。

資産の低額譲渡と法人税法第22条第 2 項にいう収益の額について判示した例として、最高裁平成 7 年12月19日判決がある。

最判平 7 ・12・19

法人税法第22条第 2 項は、資産の無償譲渡も収益の発生原因となることを認めて

4） 金子・前掲注 2 ）340頁
5） 太田洋「判批」中里実ほか編『租税判例百選［第 6 版］』101頁（2016）
6） 金子・前掲注 2 ）339頁

いる。この規定は、法人が資産を他に譲渡する場合には、その譲渡が代金の受入れその他資産の増加を来すべき反対給付を伴わないものであっても、譲渡時における資産の適正な価額に相当する収益があると認識すべきものであることを明らかにしたものと解される。

　譲渡時における適正な価額より低い対価をもってする資産の低額譲渡は、法人税法第22条第2項にいう有償による資産の譲渡に当たることはいうまでもないが、この場合にも、当該資産には譲渡時における適正な価額に相当する経済的価値が認められるのであって、たまたま現実に収受した対価がそのうちの一部のみであるからといって適正な価額との差額部分の収益が認識され得ないものとすれば、前記のような取扱いを受ける無償譲渡の場合との間の公平を欠くことになる。したがって、上記規定の趣旨からして、この場合に益金の額に算入すべき収益の額には、当該資産の譲渡の対価の額のほか、これと右資産の譲渡時における適正な価額との差額も含まれるものと解するのが相当である。このように解することは、同法第37条第7項が、資産の低額譲渡の場合に、当該譲渡の対価の額と当該資産の譲渡時における価額との差額のうち実質的に贈与をしたと認められる金額が寄附金の額に含まれるものとしていることとも対応するものである。

　以上によれば、資産の低額譲渡が行われた場合には、譲渡時における当該資産の適正な価額をもって法人税法第22条第2項にいう資産の譲渡に係る収益の額に当たると解するのが相当である。

＊　　　　　＊　　　　　＊

　また、金子名誉教授は、「新株の有利発行があった場合には、その時価と取得価額（払込価額）との差額は低額による資産の譲受けによるものとして、収益の額を構成すると解すべきである[7]」と述べておられる。

　新株の有利発行と法人税法第22条第2項にいう収益の額について判示した例として、東京高裁平成28年3月24日判決（**第2部 事例2**）がある。

東京高判平28・3・24

　法人税法第22条第2項は、内国法人の無償による資産の譲受けに係る収益の額を、当該法人の各事業年度の所得の金額の計算上当該事業年度の益金の額に算入すべき金額とする旨定めているが、新株の発行を適正な価額より低い価額で引き受け

7）　金子・前掲注2）340頁

た場合においても、その取得価額と適正な価額との差額については、無償による資産の譲受けに係るものとして収益の額を構成するものといえる。

有価証券の取得価額

法人税法第61条の2は、次の通り規定している。

（有価証券の譲渡益又は譲渡損の益金又は損金算入）
法人税法第61条の2

1 内国法人が有価証券の譲渡をした場合には、その譲渡に係る譲渡利益額（第1号に掲げる金額が第2号に掲げる金額を超える場合におけるその超える部分の金額をいう。）又は譲渡損失額（同号に掲げる金額が第1号に掲げる金額を超える場合におけるその超える部分の金額をいう。）は、第62条から第62条の5まで（合併等による資産の譲渡）の規定の適用がある場合を除き、その譲渡に係る契約をした日（その譲渡が剰余金の配当その他の財務省令で定める事由によるものである場合には、当該剰余金の配当の効力が生ずる日その他の財務省令で定める日）の属する事業年度の所得の金額の計算上、益金の額又は損金の額に算入する。

　一 その有価証券の譲渡の時における有償によるその有価証券の譲渡により通常得べき対価の額（第24条第1項（配当等の額とみなす金額）の規定により第23条第1項第1号又は第2号（受取配当等の益金不算入）に掲げる金額とみなされる金額がある場合には、そのみなされる金額に相当する金額を控除した金額）

　二 その有価証券の譲渡に係る原価の額（その有価証券についてその内国法人が選定した1単位当たりの帳簿価額の算出の方法により算出した金額（算出の方法を選定しなかった場合又は選定した方法により算出しなかった場合には、算出の方法のうち政令で定める方法により算出した金額）にその譲渡をした有価証券の数を乗じて計算した金額をいう。）

2〜23 （略）

24 有価証券の1単位当たりの帳簿価額の算出の基礎となる取得価額の算出の方法、有価証券の1単位当たりの帳簿価額の算出の方法の種類、その算出の方法の選定の手続その他前各項の規定の適用に関し必要な事項は、政令で定める。

本条第1項は、有価証券の譲渡に係る譲渡利益額は、①その有価証券の譲渡

の時における有償によるその有価証券の譲渡により通常得べき対価の額が、②その有価証券の譲渡に係る原価の額を超える場合におけるその超える部分の金額をいい、上記②の「その有価証券の譲渡に係る原価の額」とは、原則として、その有価証券についてその内国法人が選定した１単位当たりの帳簿価額の算出の方法により算出した金額にその譲渡をした有価証券の数を乗じて計算した金額をいう旨規定している。

　この「１単位当たりの帳簿価額の算出の方法」について、法人税法施行令第119条の２は、次の通り規定している。

（有価証券の１単位当たりの帳簿価額の算出の方法）
法人税法施行令第119条の２
1　有価証券の譲渡に係る原価の額を計算する場合におけるその１単位当たりの帳簿価額の算出の方法は、次に掲げる方法とする。
　一　移動平均法（有価証券をその銘柄の異なるごとに区別し、その銘柄を同じくする有価証券の取得（適格合併又は適格分割型分割による被合併法人又は分割法人からの引継ぎを含むものとし、被合併法人等の新株等の取得を除く。以下この項において同じ。）をする都度その有価証券のその取得の直前の帳簿価額とその取得をした有価証券の取得価額（当該引継ぎを受けた有価証券については、当該被合併法人又は分割法人の法第62条の２第１項（適格合併及び適格分割型分割による資産等の帳簿価額による引継ぎ）に規定する時又は当該適格分割型分割の直前の帳簿価額。次号において同じ。）との合計額をこれらの有価証券の総数で除して平均単価を算出し、その算出した平均単価をもってその１単位当たりの帳簿価額とする方法をいう。）
　二　総平均法（有価証券を前号と同様に区別し、その銘柄の同じものについて、当該事業年度開始の時において有していたその有価証券の帳簿価額と当該事業年度において取得をしたその有価証券の取得価額の総額との合計額をこれらの有価証券の総数で除して平均単価を算出し、その算出した平均単価をもってその１単位当たりの帳簿価額とする方法をいう。）
2・3　（略）

　本条第１項は、有価証券の譲渡に係る原価の額を計算する場合におけるその

1単位当たりの帳簿価額の算出の方法は、移動平均法又は総平均法とする旨規定している。

　移動平均法及び総平均法は、いずれも「有価証券の取得価額」を基礎として、有価証券の1単位当たりの帳簿価額を算出するものであるところ、この「有価証券の取得価額」について、法人税法施行令第119条は、次の通り規定している。

（有価証券の取得価額）

法人税法施行令第119条

1　内国法人が有価証券の取得をした場合には、その取得価額は、次の各号に掲げる有価証券の区分に応じ当該各号に定める金額とする。

　一　購入した有価証券（法第61条の4第3項（有価証券の空売り等に係る利益相当額又は損失相当額の益金又は損金算入等）又は第61条の5第3項（デリバティブ取引に係る利益相当額又は損失相当額の益金又は損金算入等）の規定の適用があるものを除く。）

　　　その購入の代価（購入手数料その他その有価証券の購入のために要した費用がある場合には、その費用の額を加算した金額）

　二　金銭の払込み又は金銭以外の資産の給付により取得をした有価証券（第4号又は第20号に掲げる有価証券に該当するもの及び適格現物出資により取得をしたものを除く。）

　　　その払込みをした金銭の額及び給付をした金銭以外の資産の価額の合計額（新株予約権の行使により取得をした有価証券にあっては当該新株予約権の当該行使の直前の帳簿価額を含み、その払込み又は給付による取得のために要した費用がある場合にはその費用の額を加算した金額とする。）

　三　株式等無償交付（法人がその株主等に対して新たに金銭の払込み又は金銭以外の資産の給付をさせないで当該法人の株式（出資を含む。以下第9号までにおいて同じ。）又は新株予約権を交付することをいう。次号において同じ。）により取得をした株式又は新株予約権（同号に掲げる有価証券に該当するもの及び新株予約権付社債に付された新株予約権を除く。）

　　　零

　四　有価証券と引換えに払込みをした金銭の額及び給付をした金銭以外の資産の価額の合計額が払い込むべき金銭の額又は給付すべき金銭以外の資産の価額を定める時におけるその有価証券の取得のために通常要する価額に

　　比して有利な金額である場合における当該払込み又は当該給付（以下この
　　号において「払込み等」という。）により取得をした有価証券（新たな払込
　　み等をせずに取得をした有価証券を含むものとし、法人の株主等が当該株
　　主等として金銭その他の資産の払込み等又は株式等無償交付により取得を
　　した当該法人の株式又は新株予約権（当該法人の他の株主等に損害を及ぼ
　　すおそれがないと認められる場合における当該株式又は新株予約権に限
　　る。）、第20号に掲げる有価証券に該当するもの及び適格現物出資により取
　　得をしたものを除く。）
　　　その取得の時におけるその有価証券の取得のために通常要する価額
　五～二十六　（略）
　二十七　前各号に掲げる有価証券以外の有価証券
　　　その取得の時におけるその有価証券の取得のために通常要する価額
2・3　（略）

　有価証券の取得価額は、本条第1項第1号ないし第4号に掲げる有価証券の
区分に応じ、原則として、 **表1** の通りである。

表1

①	購入した有価証券	購入代価に購入手数料その他その有価証券の購入のために要した費用を加算した金額
②	金銭の払込み又は現物出資財産の給付（注1）により取得をした有価証券 ＊次に掲げるものを除く。 ・④に該当するもの ・新株予約権付社債に付された新株予約権の行使により取得した有価証券で新株予約権者の譲渡損益の計上が繰り延べられるもの（法令119①二十） ・適格現物出資により取得をしたもの	払込金額及び現物出資財産の価額の合計額（注2）に取得のために要した費用の額を加算した金額
③	株式等無償交付（注3）により取得した株式又は新株予約権	零

	＊次に掲げるものを除く。 ・④に該当するもの ・新株予約権付社債に付された新株予約権	
④	有価証券と引換えに払込みをした金銭の額及び給付をした現物出資財産の価額の合計額が払い込むべき金銭の額又は給付すべき現物出資財産の価額を定める時におけるその有価証券の取得のために通常要する価額に比して有利な金額である場合におけるその払込み又はその給付（以下、「払込み等」という。）により取得をした有価証券 ＊新たな払込み等をせずに取得をした有価証券を含み、次に掲げるものを除く。 ・株主等として金銭その他の資産の払込み等又は株式等無償交付（注3）により取得をした株式又は新株予約権（他の株主等に損害を及ぼすおそれがないと認められる場合における株式又は新株予約権に限る。）（注4・5） ・新株予約権付社債に付された新株予約権の行使により取得した有価証券で新株予約権者の譲渡損益の計上が繰り延べられるもの（法令119①二十） ・適格現物出資により取得をしたもの	その取得の時におけるその取得のために通常要する価額

（注1） ここでいう金銭の払込み及び現物出資財産の給付とは、募集株式の発行等の手続による新株の発行又は自己株式の処分によるものを指す[8]。

（注2） 新株予約権の行使により取得をした有価証券にあっては新株予約権の帳簿価額を含む。

8） 財務省大臣官房文書課『ファイナンス別冊　平成18年度税制改正の解説』279頁（大蔵財務協会、2006）

（注3）　法人がその株主等に対して新たな払込み又は給付をさせないでその法人の株式又は
　　　　新株予約権を交付することをいい、株式無償割当て、新株予約権無償割当て及び株式
　　　　分割がこれに該当する[9]。

（注4）　有利発行又は無償交付の場合で、①株主等として取得していないとき、又は②株主
　　　　等として取得したが、他の株主等に損害を及ぼすおそれがあるときには、取得した有
　　　　価証券の時価をもって取得価額を認識し、払込金額又は現物出資財産の価額との差額
　　　　について受贈益課税がされることとなる。ここで、他の株主等に損害を及ぼすおそれ
　　　　があるかどうかは、会社法第322条の決議があったかどうかにかかわらず、実態を見
　　　　て判断することとなる[10]。

（注5）　株主等として取得した場合であって、他の株主等に損害を及ぼすおそれがないとき
　　　　であっても、時価よりも低い価格で株式を取得している以上、その差額は課税される
　　　　べきとも考えられるが、「株主等として……取得をした当該法人の株式又は新株予約
　　　　権（当該法人の他の株主等に損害を及ぼすおそれがないと認められる場合……に限
　　　　る。）」は明示的に排除され、払込金額が取得価額となることから、有利発行時にはそ
　　　　の差額につき課税がないことになる[11]。

　なお、本条第1項は、高額引受けにより取得した有価証券の取得価額につい
ての明文の規定を置いていない。高額引受けにより取得した有価証券の取得価
額については、同項第2号の適用を受けるので、別掲されていないと考えるこ
とも可能であるが、そのように考えるとしても、増資払込金の中に寄附金に当
たる部分がある場合には、当該部分は、「払込みをした金銭の額」（法令119①
二）に当たらないと解される（名古屋高判平14・5・15参照）。

　債務超過の状態にある発行法人の発行する株式を高額で引き受けた場合にお
けるその株式の取得価額についての判断を示した例として、東京高裁平成13年
7月5日判決及び名古屋高裁平成14年5月15日判決がある。

東京高判平13・7・5

（事案の概要）

　A社は、A社の子会社であるB社及びC社（以下、これらを併せて「本件子会
社」という。）に対する貸付債権が不良債権化していたところ、平成6年3月期にお
いてコンサルティング収入を期待できることとなったことから、これを機会に上記

9）　財務省大臣官房文書課・前掲注8）279頁
10）　財務省大臣官房文書課・前掲注8）280頁
11）　岡村ほか・前掲注3）260頁

不良債権を処理しようと考え、本件子会社の発行する増資新株式を額面価額に比べて高額で引き受けて、上記株式をD社（非同族会社）に低額で譲渡することによって有価証券売却損を計上し、確定申告の際に、上記払込金額と売却価格の差を有価証券売却損として計上して申告した。また、本件子会社は、上記の増資払込金をもってA社に対する債務を弁済した。これに対して、甲税務署長が、法人税法第132条を適用して、上記新株式の取得価格は額面価格（B社については、5万円、C社については、500円）であると認定し、A社は有価証券売却損を過大に計上しているとして、更正処分及び過少申告加算税賦課決定処分をした。

（判決の要旨）

　A社の本件子会社に対する貸付金はいずれも回収不能とはいえず、損金に算入することはできないものであった。すなわち、A社は、本来損金に算入することができないものについて、本件一連の行為を行い、有価証券売却損という形を取ることによって、実質的に、本件子会社に対する貸付金を損金に算入する形で処理したものであるということになる。

　そして、B社は、本件一連の行為を行った平成5年度において債務超過状態であり、C社についても、平成5年12月31日現在の財務内容をみれば、本件一連の行為を行った平成5年12月の時点において債務超過状態であったことは明らかである。このように、債務超過状態である本件子会社の新株発行に際して、A社は、B社について額面金額である発行価額が1株5万円であるにもかかわらず、その約29倍にものぼる1株当たり約144万円、合計2億3,000万円の払込みをし、C社についても額面金額である発行価額が1株500円であるにもかかわらず、その100倍にものぼる1株当たり5万円、合計5億円の払込みをしている。債務超過状態にあり、将来成長が確実に望めるというような特別の事情が認められるわけではない株式会社の新株発行に際して、額面金額である発行価額を大幅に超える払込みを行うのは、通常の経済人を基準とすれば合理性はなく、不自然・不合理な経済行為である。A社は子会社を救済する必要性、妥当性を指摘して上記行為の合理性を主張するが、株式を取得する際にはそのような背景事情を捨象した株式自体の価値に着目して対価を決定するのが、税法の想定する通常の経済人を基準とした合理性のある行為と考えるべきである。そして、本件子会社が、A社が全株式を保有する同族会社であり、かつ、本件一連の行為によって、本来であれば損金に計上することのできない本件子会社に対する貸付金を有価証券売却損という形を取ることによって、損金に計上するという目的があったからこそ、上記のような払込みが行われたものであるというべきである。そうすると、本件子会社の新株の発行に際して、A社が、その対価と

して、Ｂ社について１株当たり約144万円、合計２億3,000万円の払込みをした行為、及び、Ｃ社について１株当たり５万円、合計５億円の払込みをした行為は、いずれも、これを容認した場合には法人税の負担を不当に減少させる結果となると認められ、税務署長は、法人税法第132条によって上記の行為を否認することができるものというべきである。

　そして、本件において、Ｂ税務署長は、Ａ社の上記の行為を否認し、Ａ社が行った本件子会社の株式の増資払込みを通常あるべき行為に引き直して、本件子会社の株式１株について払い込んだ金額は、株式の額面金額とするのが相当であり、その余の金額は、株式の増資払込みとは認められず、何ら対価性のない金銭の支出として寄附金に該当するとしている。本件においては、有価証券売却損を作出するために新株の客観的な価値を大幅に超える払込金額を払い込んでいることが経済的合理性を欠くものとして法人税法第132条の否認の対象とされているのであるから、Ｂ税務署長としては、本件子会社の発行する新株１株当たりの客観的価値を把握し、その客観的価値をもって本件子会社の株式１株について払い込んだ金額とするのが正当と思われないでもないが、Ｂ税務署長は、商法上、額面株式の発行価額はその券面額を下回ることができないとされていること（商法第202条第２項）から、本件子会社の株式１株について払い込んだ金額は、株式の額面金額とするのが相当であるとしたものであること、本件子会社は、いずれも債務超過状態であり、将来成長が確実に望めるというような特別の事情も見当たらないのであって、その新株の価値は極めて低いと考えられることからすると、上記の甲税務署長の認定が不合理であるということはできない。

　したがって、上記の通り法人税法第132条を適用したことは適法なものというべきである。

名古屋高判平14・5・15

（事案の概要）

① 　Ａ社は、平成５年11月24日、Ａ社の当時の代表取締役Ｐ１及びＰ２（Ｐ１の実母）から、Ｂ社の額面普通株式45万株を無償で譲り受けた。これにより、Ｂ社はＡ社の100％子会社となった。

② 　Ｂ社は、平成５年11月30日付けで同社の発行済額面株式（１株の額面金額1,000円）総数45万株の全てを無額面株式に転換し、さらに、同年12月４日付けでＢ社の発行する無額面株式を全て額面株式（１株の額面金額50円）に転換した上、額面普通株式５万2,900株（以下「本件株式」という。）の新株発行を行い、Ａ社は、平成５年12月９日から同月16日までの間に、１株当たり100万円、総額529億円で

これを全て引き受け、同金額を払い込んだ（以下「本件増資払込み」といい、これに係る増資払込金を「本件増資払込金」という。）。

　そして、B社は、本件増資払込金の全額をA社に対する債務の弁済に充てた。

③　A社は、同年12月20日、C社に対し、P1とP2から贈与を受けた前記①のB社の額面普通株式45万株及び前記②の通り新株として引き受けたB社の額面普通株式5万2,900株の合計50万2,900株を、1株当たり316円、合計1億5,891万6,400円で売却し、C社は、同日、A社に対し、上記代金全額を支払った。

④　D社は、平成6年1月11日、P1から、同人が所有するA社株式468万9,000株（1株当たり6,700円）及びE社株式219万株（1株当たり1万1,627円）を買い受け、代金合計568億7,943万円のうち、1億8,000万円については同日支払った上、残金については、P1が負担する債務をD社が引き受けることとし、平成7年3月5日にP1の所得税5億円を立替払したが、残金は未払である。

　なお、P1は、平成元年2月26日、亡P3（平成3年7月19日死亡）からA社株式150万5,534株を贈与されていた。P1のD社に対する株式の売却に対する課税は、同人に新たな債務を負担させることとなるので、できるだけその額を少なくする必要があり、そのためにはP1において取得費加算の適用を受けることのできる平成6年1月18日までに株式の売却を行うことが必要であった。

⑤　A社は、平成6年3月18日、D社との間で、A社の所有する上場有価証券を代金総額579億3,119万3,000円でD社に売却した。

　D社は、A社に対し、上記売却代金のうち2億5,000万円を平成6年3月18日に、571億5,936万7,686円を同年9月7日から同月30日にかけて支払った。このうち、後者の支払は、同月7日から同月30日にかけて、D社が額面普通株式4万7,596株の新株を発行し、これをA社が引き受けて払い込んだ増資払込金571億1,520万円が原資であった。

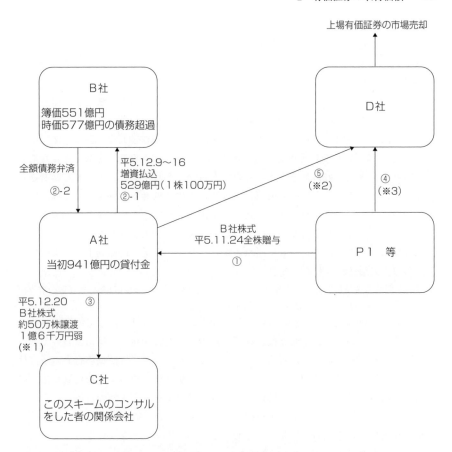

（※1）　平5.12.20の譲渡による譲渡損失は、約1億6千万円−529億円＝△約527億円
（※2）　平6.3.18A社所有の上場有価証券の売却（約579億円）
（※3）　平6.1.11P1が、A社株式、E社株式を568億円でD社に売却。
　　　　この売却は、相続税の取得費加算の期限が平6.1.18を考慮してのものである。

（出典：藤曲武美「寄附金課税をめぐる最近の裁判例について」
『租税研究』661号107頁（2004）を一部加工）

（判決の要旨）

①　法人税法第37条第6項にいう「贈与又は無償の供与」とは、民法上の贈与である必要はなく、資産又は経済的利益を対価なく他に移転する行為であれば足りるというべきである。

②　株式は会社財産に対する割合的持分の性質を有し、株主は会社の純資産を株式

保有割合に応じて間接的に保有するものであるから、増資会社が債務超過の場合
に、新株を発行しても増資会社の債務超過額を減少させるにとどまるときは、増
資払込金は増資会社の純資産を増加させることにはならず、したがって、新株式
の価格は理論上は零円となる。

③ 本件増資払込みによる現実の出捐があったとしても、法人税法第37条の解釈、
適用上、本件増資払込金の中に寄附金に当たる部分がある場合には、当該部分は
法人税法上の評価としては「払い込んだ金額」（法人税法施行令第38条第1項第1
号（注））に当たらないと解される。本件増資払込金は本件株式を取得するための
増資払込金としての外形を有するものであるが、それが実質上寄附金と判断され
る以上、A社の行った取引の外形に法人税法上の法的評価が拘束される理由はな
いから、法人税法上これを「払い込んだ金額」として、本件株式の取得価額に当
たると解さなければならないものではない。また、法人税法第37条は同法第22条
第3項にいう「別段の定め」に当たるから、商法や企業会計原則上の取扱いにか
かわらず適用されるものである。

（注） 旧法人税法施行令第38条第1項第1号は、払込みにより取得した有価証券の取得価
額は、その払い込んだ金額による旨定めていた。

④ 法人税基本通達9-1-10の2は、親会社が赤字の子会社に対して増資払込みを
することについては、企業支配、経営支援等の必要性からその事情においてやむ
を得ない場合があることが考えられることなどから、親会社が債務超過の子会社
の増資を引き受け、時価を超える払込みをした場合に、そのような増資払込みに
も経済的合理性が認められ、時価と払込金額の差額を企業支配の対価ととらえる
ことができる場合があることを前提として規定されたものと解され、増資会社が
債務超過である場合の増資払込みはおよそすべて寄附金となり得ないことを明ら
かにしたものではないというべきである。

したがって、経済取引として十分に首肯し得る合理的理由がある場合はともか
く、そうでない以上、上記通達を理由に直ちに本件増資払込みが寄附金に当たら
ないということはできない。

⑤ 本件増資払込みは、後にA社がD社に上場株式を売却することによって生ずる
有価証券売却益に見合う株式譲渡損を発生させ、上記有価証券売却益に対する法
人税の課税を回避することを目的としたものであることは明らかであり、本件株
式を額面金額かつ発行価額である1株当たり50円を超える額で引き受けて払い込
んだことに、経済取引として十分に首肯し得る合理性は認められないというべき
である。

⑥ 法律や企業会計原則上の制約に反しない適法な増資払込みであるか否かと、税

法上寄附金に当たるか否かとは次元を異にする問題である。このことは、例えば、贈与契約が民法その他の法律上適法、有効かつ正当であるからといって法人税法上寄附金に当たり得ないことになるものではないし、他方、贈与契約が公序良俗違反等により民法その他の法律上違法、無効かつ不当なものであっても、これにより法人が資産又は経済的利益を対価なく他に移転したものであるということができれば、法人税法上は寄附金と認めることができる場合があることからも明らかである。

⑦　本件増資払込みによっても、B社の債務超過の状態は解消していないのであるから、本件増資払込みによってA社が取得した額面普通株式は、理論上無価値であると認められる。したがって、こうした点のみに着目すると、甲税務署長としては、本件増資払込金全体（529億円）を寄附金と認定することも可能であったといえる。

　　しかしながら、上記額面普通株式（額面50円）は理論上は無価値であるものの、本件増資払込み当時の商法の規定によれば、額面株式の発行価額はその券面額を下回ることができないと定められていたのであるから、かかる商法の規定を尊重して、甲税務署長が、上記額面株式の価値を券面額（額面額）に従って50円であるとして、これに基づき、本件増資払込金のうち発行価額（1株当たり50円）を超える部分（528億9,735万5,000円）のみを寄附金と認定したとしても、不合理であるということはできない。

⑧　以上によれば、本件増資払込みに通常の経済取引として是認できる合理的理由があるとは認められない。

　　したがって、本件増資払込金のうち1株50円を超える部分は、対価がなく、「金銭その他の資産又は経済的な利益の贈与又は無償の供与」に該当するとして、法人税法第37条の寄附金に当たるというべきである。

＊　　　　　　＊　　　　　　＊

　また、内国法人が有利な発行価額で新株予約権を取得した場合におけるその新株予約権の取得価額についての判断を示した例として、名古屋地裁平成21年9月9日判決がある。

名古屋地判平21・9・9

　新株予約権証券ないし新株予約権証券が発行されない新株予約権は、法人税法上「有価証券」に該当し（法人税法第2条第21号、法人税法施行令第11条第2号、証券

取引法第2条第1項第6号）、内国法人が有利な発行価額で新株その他これに準ずる
ものを取得した場合の有価証券の取得価額については、その有価証券の払込みに係
る期日における価額とするものとされているから（法人税法施行令第119条第1項第
3号）、内国法人が有利な発行価額で新株予約権を取得した場合、その払込みに係る
期日における時価がその取得価額となり、時価と払込金額（発行価額）との差額に
ついては当該法人の受贈益として益金に計上すべきこととなる。

　（注）　本判決では、新株予約権の評価方法及び評価額の適否は争点とされていないが、受
　　　　贈益の金額を、ブラック・ショールズモデルにより算定した新株予約権の1個当たり
　　　　の価値を基に計算すると、9億8,721万5,982円（＝(52万41円《時価》−1,000円《発行
　　　　価額》)×1,902《個数》）となるとされている。

③ 有利発行に係る「判定の時価」

3.1 判定基準

　法人税法施行令第119条第1項第4号にいう「払い込むべき金銭の額又は給付すべき金銭以外の資産の価額を定める時におけるその有価証券の取得のために通常要する価額に比して有利な金額」について、法人税基本通達2-3-7は、次の通り定めている。

（通常要する価額に比して有利な金額）
法人税基本通達2-3-7

　　令第119条第1項第4号《有利発行により取得した有価証券の取得価額》に規定する「払い込むべき金銭の額又は給付すべき金銭以外の資産の価額を定める時におけるその有価証券の取得のために通常要する価額に比して有利な金額」とは、当該株式の払込み又は給付の金額（以下2-3-7において「払込金額等」という。）を決定する日の現況における当該発行法人の株式の価額に比して社会通念上相当と認められる価額を下回る価額をいうものとする。
　　(注)1　社会通念上相当と認められる価額を下回るかどうかは、当該株式の価額と払込金額等の差額が当該株式の価額のおおむね10％相当額以上であるかどうかにより判定する。
　　　　2　払込金額等を決定する日の現況における当該株式の価額とは、決定日の価額のみをいうのではなく、決定日前1月間の平均株価等、払込金額等を決定するための基礎として相当と認められる価額をいう。

　本通達は、法人税法施行令第119条第1項第4号にいう「通常要する価額に比して有利な金額」について、その株式の払込金額等を決定する日の現況におけるその発行法人の株式の価額を基準に判定する旨定めている。我が国の会社法の下では、取締役会で発行価額を決定するときには、その日の前日までの時価しか明らかではなく、また、新株が市場に出れば需給関係に影響を与え、若干時価が下がるおそれがあるから、取締役会で発行価額を決定する時の時価を

基準に若干これを下回る価額を発行価額としても、特に有利な発行価額とはならないとされている[12]。

　なお、発行法人が外国法人である場合には、「払込金額等を決定する日」がいつであるかは、その外国の法令に照らして検討する必要があると考えられる。タイ法人2社が発行した株式が有利発行に当たるか否かが争われた例として、東京高裁平成22年12月15日判決がある。

東京高判平22・12・15

（事案の概要）

　本件は、自動車の完成品や組立部品の輸出及び海外での販売事業等を行っているA社が、タイにおいて上記販売事業を行う関連会社であるタイ法人2社（C社及びD社）が発行した株式（以下「本件2社株」という。）を額面価額で引き受けたことについて、甲税務署長が、本件2社株が法人税法施行令（平成18年政令第125号による改正前のもの。）第119条第1項第3号所定の有利発行の有価証券に当たり、その引受価額と時価との差額相当分の利益が生じていたなどとして、法人税の更正処分等をした事案である。

（A社の主張の要旨）

　A社が、本件2社株の発行価額決定日の時価の算定について、本件2社株の発行を決定した社長室会開催日（平成15年10月7日）の直近の決算期である平成14年12月期の確定決算書の数字に基づいて算定したことは適法である。

（判決の要旨）

　タイの民商法典1220条が「非公開株式会社は株主総会の特別決議によって新株式発行による増資を行うことができる。」と規定しており、C社及びD社の各付属定款においても増減資は株主総会の特別決議により行うとされ、実際にも本件2社株の発行はC社及びD社の臨時株主総会の決議という手続を経て行われているということができるから、本件2社株の発行価額を決定した日は、上記各臨時株主総会の決議が行われた日（D社については、平成16年3月26日、C社については、平成16年11月22日）というべきである。

　また、発行価額決定日の時価の算定に当たっては、同日に最も近接した時期に作

---

12)　上柳克郎・鴻常夫・竹内昭夫『新版注釈会社法(7)新株の発行』71-72頁（有斐閣、1987)

成された財務諸表の数値を用いるのが合理的であるということができるから、期末に作成された確定決算書よりも近接された時期に作成された四半期決算書等の財務諸表がある場合には、当該財務諸表がその当時の帳票類に基づいていて、その正確性に特段の疑いがない限り、当該四半期決算書等の数値に基づいて時価を算定するのが相当である（具体的には、Ｄ社については、平成15年１月１日から同年12月31日までの事業年度の財務諸表、Ｃ社については、平成16年１月１日から同年９月30日までの期間の財務諸表の数値に基づいて時価を算定するのが相当である。）。

　　　　　　　＊　　　　　　　＊　　　　　　　＊

　また、本通達の(注)１は、株式の証券取引所への新規上場の場合における払込金額等の決定方法等をも考慮して定められたものである[13]。

関 係 法 令 等

第三者割当増資の取扱いに関する指針

$$\left[\begin{array}{c}\text{平成22年４月１日}\\\text{日本証券業協会}\end{array}\right]$$

１．会員は、上場銘柄の発行会社（外国会社を除く。）が我が国において第三者割当（企業内容等の開示に関する内閣府令第19条第２項第１号ヲに規定する方法をいう。）により株式の発行（自己株式の処分を含む。以下同じ。）を行う場合には、当該発行会社に対して、次に定める内容に沿って行われるよう要請する。

⑴　払込金額は、株式の発行に係る取締役会決議の直前日の価額（直前日における売買がない場合は、当該直前日からさかのぼった直近日の価額）に0.9を乗じた額以上の価額であること。ただし、直近日又は直前日までの価額又は売買高の状況等を勘案し、当該決議の日から払込金額を決定するために適当な期間（最長６か月）をさかのぼった日から当該決議の直前日までの間の平均の価額に0.9を乗じた額以上の価額とすることができる。

⑵　株式の発行が会社法に基づき株主総会の特別決議を経て行われる場合は、本指針の適用は受けない。

２．（略）

---

13)　佐藤友一郎『法人税基本通達逐条解説』306頁（税務研究会出版局、2019）

　さらに、本通達の(注)2は、例えば、上場株式の場合であっても、平均株価のほか、最近における株価の変動に著しく異常な要素が入っている場合には、その異常性を排除した通常安定株価を算定してこれを基礎とすることを認める趣旨である[14]。

3.2　「判定の時価」の算定方法

　法人税基本通達2-3-7は、「払い込むべき金銭の額又は給付すべき金銭以外の資産の価額を定める時におけるその有価証券の取得のために通常要する価額」(いわゆる「判定の時価」)の具体的な算定方法を定めていない。

　この点について、法人税法施行令第119条第1項第4号並びに法人税基本通達2-3-7及び2-3-9に係る改正(平成18年3月31日号外政令第125号、平成19年3月30日号外政令第83号、平成19年3月13日課法2-3・課審5-11、平成19年12月7日課法2-17・課審5-31)の経緯を見ると、**表2** 及び **表3** の通りであり、法人税法施行令第119条第1項第4号においては、会社法の施行日(平成18年5月1日)前は、「判定の時価」について、単に「有利な発行価額」と規定するのみで、「計算の時価」については、「その有価証券の当該払込みに係る期日における価額」と規定されていたが、同日に、「判定の時価」と「計算の時価」のいずれについても、「その有価証券の取得のために通常要する価額」という同一の文言をもって規定されるに至っている。このような改正の経緯から、本来、「判定の時価」と「計算の時価」は異なるものであって、平成18年の改正後もなお、これらを同じものと解するべきではないとも考えられる[15]。

　しかしながら、東京地裁平成22年3月5日判決及び東京高裁平成28年3月24日判決(**第2部 事例2**)は、「判定の時価」の算定は、法人税法施行令第119条第1項第4号にいう「有価証券の取得の時におけるその有価証券の取得のために通常要する価額」(いわゆる「計算の時価」)について定める法人税基本通達2-3-9を準用するのが相当であると判示している。

---

14)　佐藤・前掲注13) 306頁
15)　朝長英樹「検証・有利発行課税事件(3)」『週刊 T&A master』第687号14〜20頁

東京地判平22・3・5

　法人税基本通達 9 - 1 -13は、法人税法第33条第 2 項《資産の評価損の損金算入》の規定を適用して非上場株式で気配相場のないものについて評価損を計上する場合に係る解釈通達であって、「当該事業年度終了の日又は同日に最も近い日におけるその株式の発行法人の事業年度終了の時における 1 株当たりの純資産価額等を参酌して通常取引されると認められる価額」と定めているものである。発行された新株が有利発行に当たるか否かを判定する場合について、その新株の時価を算定する解釈通達は定められていないため、上記通達を準用するのが相当である（法人税基本通達 2 - 3 - 9 (3)参照）。

　　(注)　平成17年12月26日課法 2 -14ほかによる一部改正前の法人税基本通達 2 - 3 - 9 (3)は、非上場株式に係る「有価証券の払込みに係る期日における 1 株当たりの価額」について、「その新株又は出資の払込期日において当該新株につき 9 - 1 -13及び 9 - 1 -14《上場有価証券等以外の株式の価額》に準じて合理的に計算される当該払込期日の価額」による旨定めていた。

東京高判平28・3 ・24

　本件株式については、「払い込むべき金銭の額又は給付すべき金銭以外の資産の額を定める時」における取得のために通常要する価額と「取得の時」における取得のために通常要する価額とが相違する特段の事情があるともうかがわれないから、後者の額を法人税基本通達 2 - 3 - 7 の（注) 2 にいう「払込金額等を決定するための基礎として相当と認められる額」として、法人税基本通達 2 - 3 - 9 の(3)により、法人税基本通達 4 - 1 - 5 及び 4 - 1 - 6 に準じて算定するのが合理的である。

　　(注)　処分行政庁は、本件株式が、上場されておらず、売買された実例も認められない上、発行法人は、タイにおいて設立された法人であり、我が国において事業の種類、規模、収益の状況等が類似する法人も存在しないから、本件株式の取得に通常要する価額の算定方法については、本件株式の発行価額決定日の前で最も近接した時期に作成された財務諸表を基にして、 1 株当たりの純資産価額の算定を行うのが相当であるとした上、これにより算出した本件株式の取得に通常要する価額と、本件株式 1 株当たりの払込価額とを比較し、その差額が本件株式の価額の10％相当額以上であり、本件株式を有利発行有価証券に該当するとして、増額更正処分をした。第 1 審判決は、「処分行政庁が、本件株式を有利発行有価証券に該当すると判断したことについて瑕疵はないというべきである。」と判示し、控訴審判決である本判決もこれを支持している。

参考

1 朝長英樹税理士は、「〔昭和40年当時の〕国税庁の担当者は……『判定の時価』に相当するものについて、『ケースバイケースで、引き受けた実情などを考えてやったほうが良く、算定方法を定めたほうが良いのであれば、定められないことはないが、そうなるとどうしても1株当たりの純資産がいくらということになってきて、それこそたいへんな価額が出てきて却って問題になる』と述べています[16]」、「〔有利発行税制が創設された〕昭和48年当時の国税庁の職員の解説でも『どのような価額が適正な発行価額であるかを具体的に判定することは実際上必ずしも容易ではないため、いかなる発行価額が有利な発行価額であるかを具体的に判定することも、実際上容易なことではない』と述べられています[17]」、「〔東京地裁平成22年3月5日判決の〕『新株の時価を算定する解釈通達は定められていないため』『準用するのが相当』という部分には、明らかに論理の飛躍があります。……『判定の時価』の算定方法が定められていないことには、意味があります[18]」（〔 〕内筆者）と述べておられる。

2 渡辺名誉教授は、法人税基本通達2-3-7の解説において、「一般には、非上場株式の場合は絶対的な評価額がないので、本通達の適用は実際には難しいものと考えます（旧商法上の裁判例をみても、何が公正な発行価額であるかにつき、納得し得る客観的な基準がないことから、結論としては取締役会が決定した発行価額を追認したものが大部分であるというのが実情のようです。）[19]」と述べておられる。

16) 朝長・前掲注15) 16頁
17) 朝長・前掲注15) 18頁
18) 朝長・前掲注15) 19頁
19) 渡辺淑夫・山本清次『法人税基本通達の疑問点（四訂版）』181頁（ぎょうせい、2009）

表2 法人税法施行令

平成18年4月30日前	平成18年5月1日施行	平成19年4月1日施行
（有価証券の取得価額） 第119条 内国法人が有価証券の取得をした場合には、その取得価額は、次の各号に掲げる有価証券の区分に応じ当該各号に定める金額とする。	（有価証券の取得価額） 第119条 …………	（有価証券の取得価額） 第119条 …………
三 有利な発行価額で新株その他これに準ずるものが発行された場合における当該発行に係る払込みにより取得をした有価証券（株主等として取得をしたものを除く。）	四 有価証券と引換えに払込みをした金銭の額及び給付をした金銭以外の資産の価額の合計額がその取得の時におけるその有価証券の取得のために通常要する価額に比して有利な金額である場合における当該払込み又は当該給付（以下この号において「払込み等」という。）により取得をした有価証券（新たな払込み等をせずに取得をした有価証券を含むものとし、法人の株主等が当該株主等として金銭その他の資産の払込み等又は株式等無償交付により取得をした当該法人の株式又は新株予約権（当該法人の他の株主等に損害を及ぼすおそれがないと認められる場合における当該株式又は新株予約権に限る。）、第19号に掲げる有価証券に該当するもの及び適格現物出資により取得をしたものを除く。）	四 有価証券と引換えに払込みをした金銭の額及び給付をした金銭以外の資産の価額の合計額が払い込むべき金銭の額又は給付すべき金銭以外の資産の価額を定める時におけるその有価証券の取得のために通常要する価額に比して有利な金額である場合における当該払込み又は当該給付（以下この号において「払込み等」という。）により取得をした有価証券（新たな払込み等をせずに取得をした有価証券を含むものとし、法人の株主等が当該株主等として金銭その他の資産の払込み等又は株式等無償交付により取得をした当該法人の株式又は新株予約権（当該法人の他の株主等に損害を及ぼすおそれがないと認められる場合における当該株式又は新株予約権に限る。）、第19号に掲げる有価証券に該当するもの及び適格現物出資により取得をしたものを除く。）

その有価証券の当該払込みに係る期日における価額	その取得の時におけるその有価証券の取得のために通常要する価額	その取得の時におけるその有価証券の取得のために通常要する価額

表3　法人税基本通達

平12.6.28課法 2 - 7（新設）	平19.3.13課法 2 - 3（改正）	平19.12. 7課法 2 -17（改正）
（有利な発行価額）	（通常要する価額に比して有利な金額）	（通常要する価額に比して有利な金額）
2 - 3 - 7　令第119条第 1 項第 3 号《有利な発行価額で取得した有価証券の取得価額》に規定する「有利な発行価額」とは、当該新株の発行価額を決定する日の現況における当該発行法人の株式の価額に比して社会通念上相当と認められる価額を下回る価額をいう。	2 - 3 - 7　令第119条第 1 項第 4 号《有利発行により取得した有価証券の取得価額》に規定する「その取得の時におけるその有価証券の取得のために通常要する価額に比して有利な金額」とは、当該株式の払込み又は給付の金額（以下 - 3 - 7 において「払込金額等」という。）を決定する日の現況における当該発行法人の株式の価額に比して社会通念上相当と認められる価額を下回る価額をいうものとする。	2 - 3 - 7　令第119条第 1 項第 4 号《有利発行により取得した有価証券の取得価額》に規定する「払い込むべき金銭の額又は給付すべき金銭以外の資産の価額を定める時におけるその有価証券の取得のために通常要する価額に比して有利な金額」とは、当該株式の払込み又は給付の金額（以下 2 - 3 - 7 において「払込金額等」という。）を決定する日の現況における当該発行法人の株式の価額に比して社会通念上相当と認められる価額を下回る価額をいうものとする。
（注）1　社会通念上相当と認められる価額を下回るかどうかは、当該株式の価額と発行価額の差額が当該株式の価額のおおむね10％相当額以上であるかどうかにより判定する。	（注）1　社会通念上相当と認められる価額を下回るかどうかは、当該株式の価額と払込金額等の差額が当該株式の価額のおおむね10％相当額以上であるかどうかにより判定する。	（注）1　…………
2　発行価額を決定する日の現況における当該株式の価額とは、決定日の価額のみをいうのではなく、決定日前 1 月間の平均株価等、発行価額を決定するため	2　払込金額等を決定する日の現況における当該株式の価額とは、決定日の価額のみをいうのではなく、決定日前 1 月間の平均株価等、払込金額等を決定するた	2　…………

の基礎として相当と認められる価額をいう。	めの基礎として相当と認められる価額をいう。	
（有利な発行価額で新株等が発行された場合における有価証券の価額）	**（通常要する価額に比して有利な金額で新株等が発行された場合における有価証券の価額）**	**（通常要する価額に比して有利な金額で新株等が発行された場合における有価証券の価額）**
2-3-9　令第119条第1項第3号《有利な発行価額で取得した有価証券の取得価額》に規定する有価証券の払込みに係る期日における1株当たりの価額は、次に掲げる場合の区分に応じ、それぞれ次による。	2-3-9　令第119条第1項第4号《有利発行により取得した有価証券の取得価額》に規定する有価証券の取得の時におけるその有価証券の取得のために通常要する価額は、次に掲げる場合の区分に応じ、それぞれ次による。	2-3-9　…………
(1)　新株が令第119条の13第1号から第3号まで《上場有価証券等の時価評価金額》に掲げる有価証券（以下2-3-9において「上場有価証券等」という。）である場合 　その新株の払込期日における当該新株の4-1-4本文前段《上場有価証券等の価額》に定める価額	(1)　新株が令第119条の13第1号から第3号まで《上場有価証券等の時価評価金額》に掲げる有価証券（以下2-3-9において「上場有価証券等」という。）である場合 　その新株の払込み又は給付に係る期日（払込み又は給付の期間を定めたものにあっては、その払込み又は給付をした日。以下2-3-9において「払込期日」という。）における当該新株の4-1-4本文前段《上場有価証券等の価額》に定める価額	(1)　…………
(2)　旧株は上場有価証券等であるが、新株は上場有価証券等でない場合 　新株の払込期日における旧株の4-1-4本文前段に定める価額を基準と	(2)　…………	(2)　…………

して当該新株につき合理的に計算される価額 (3)　(1)及び(2)以外の場合 　　その新株又は出資の払込期日において当該新株につき 4-1-5 及び 4-1-6《上場有価証券等以外の株式の価額》に準じて合理的に計算される当該払込期日の価額	(3)　…………	(3)　…………

他の株主等に損害を及ぼすおそれがないと認められる場合

法人税法施行令第119条第1項第4号にいう「他の株主等に損害を及ぼすおそれがないと認められる場合」について、法人税基本通達2-3-8は、次の通り定めている。

（他の株主等に損害を及ぼすおそれがないと認められる場合）

法人税基本通達2-3-8

　令第119条第1項第4号《有利発行により取得した有価証券の取得価額》に規定する「他の株主等に損害を及ぼすおそれがないと認められる場合」とは、株主等である法人が有する株式の内容及び数に応じて株式又は新株予約権が平等に与えられ、かつ、その株主等とその内容の異なる株式を有する株主等との間においても経済的な衡平が維持される場合をいうことに留意する。

　（注）　他の株主等に損害を及ぼすおそれがないと認められる場合に該当するか否かについては、例えば、新株予約権無償割当てにつき会社法第322条《ある種類の種類株主に損害を及ぼすおそれがある場合の種類株主総会》の種類株主総会の決議があったか否かのみをもって判定するのではなく、その発行法人の各種類の株式の内容、当該新株予約権無償割当ての状況などを総合的に勘案して判定する必要がある。

　本通達においては、法人税法施行令第119条第1項第4号にいう「他の株主等に損害を及ぼすおそれがないと認められる場合」とは、有利発行又は無償交付を受ける株主等である法人が有する株式の内容及び数に応じて株式又は新株予約権が平等に与えられ、かつ、その株主等とその内容の異なる株式を有する株主等との間においても経済的な衡平が維持される場合をいい、これに該当するか否かは、会社法第322条《ある種類の種類株主に損害を及ぼすおそれがある場合の種類株主総会》の種類株主総会の決議があったか否かのみをもって判定するのではなく、その発行法人の各種類の株式の内容、無償割当ての状況などを総合的に勘案して判定することが明らかにされている。

　例えば、2以上の種類の株式を発行している場合で、一の種類の株式を対象に新株の有利発行又は無償交付が行われ、他の種類の株式について転換割合の調整条項がないことなどの理由により他の種類の株式の価値が低下するときなどは「他の株主等に損害を及ぼすおそれがないと認められる場合」に該当しないと考えられる[20]。

> ### 🔍 参考
>
> 　岡村教授は、「通達……は、『会社法の規定による種類株主総会の決議があったか否かのみによるのではなく、その発行法人の各種類の株式の内容、無償割当の内容等を総合的に勘案して判定する必要があることに留意する。』としている。この前提にあると考えられるのは、法的に種類株主総会の決議が必要とされる場合と、実際に決議がなされる場合とが、必ずしも一致しないことである。たとえば、ある株式発行に『損害を及ぼすおそれ』があるか否かを判断することが困難であるため、予防的に決議を経ることもあり得る。このため、通達は種類株主総会の決議の有無のみでは判断をしないとしたものと考えられる。したがって、通達は、『損害を及ぼすおそれ』を借用概念とする考え方と整合的に理解することが可能である[21]」と述べておられる。

　なお、法人税法施行令第119条第1項第4号にいう「他の株主等に損害を及ぼすおそれがないと認められる場合」の該当性について判示した例として、東京高裁平成28年3月24日判決（**第2部 事例2**）がある。

東京高判平28・3・24

（事案の概要）

　本件は、A社が、タイに所在するA社の関連法人であるB社が発行した新株（以下「本件株式」という。）を額面価額で引き受け（以下「本件増資」という。）、その払込金額を本件株式の取得価額に計上して法人税の確定申告をしたところ、課税庁が、本件株式は法人税法施行令第119条第1項第4号に規定する有価証券（以下「有利発行有価証券」という。）に該当し、本件株式の取得価額はその取得のために通常

---

20)　佐藤・前掲注13）307頁
21)　岡村ほか・前掲注3）259頁

要する価額となるから、当該価額と払込価額との差額は受贈益として益金の額に算入すべきであるなどとして法人税の更正処分及び過少申告加算税の賦課決定処分をした事案である。

（A社の主張の要旨）

　A社及びA社以外の株主が本件増資前に有していたB社の株式は、付属定款において譲渡制限が付されており、取締役会の譲渡承認が得られない限り、株式を第三者に譲渡することは絶対的に禁止されていた。取締役会は、実質的な親会社であるA社の意向に従うので、A社は、保有していた株式を譲渡するのは自由であるのに対して、A社以外の株主は、A社の認める範囲内でしか保有していた株式を譲渡することは不可能であった。

　また、A社以外の株主は、株主間契約により、B社が清算手続等に入った場合など一定の場合には、A社によりその保有するB社の株式を取得価額で買い取ることが保証されていた。

　さらに、A社以外の株主は、配当受領権について、株主間契約により、B社の業績に関係なく、保有株式の取得金額に対して一定の支払を受けるという経済的な実質が確保され、その代わりに、その他の利益配当等の一切の受領権を放棄することとされていた。

　以上の通り、A社が有する株式とA社以外の株主が有する株式とでは、譲渡制限、取得価額による買取保証及び配当受領権において内容を異にしており、両者は、内容の異なる株式に該当する。

（判決の要旨）

　法人税法施行令第119条第1項第4号が定められるに至る経緯についてみると、平成18年政令第125号による改正前においては、法人税法施行令第119条第1項第3号が、「有利な発行価額で新株その他これに準ずるものが発行された場合における当該発行に係る払込みにより取得をした有価証券（株主等として取得をしたものを除く。）」につき、その有価証券の当該払込みに係る期日における価額をもって取得価額とする旨定めていたものである。同号が、「株主等として取得をしたもの」を有利発行有価証券から除く旨定めたのは、それが株主等として取得をしたものであって、他の株主に対しても株式が平等に与えられている場合には、株主間の経済的な衡平が図られており、そのような場合、時価と払込価額の差額による利益と既存保有株式の希薄化による損失が等しいと考えられることから、有利発行有価証券に当たるものとはしないこととしたものと解される。その後、上記改正により、有利発

行に係る定めは第119条第1項第4号に規定されることとなり、上記「株主等として取得をしたものを除く」に代えて「他の株主等に損害を及ぼすおそれがないと認められる場合」には有利発行有価証券に当たらない旨が定められたのであるが、規定内容がこのように変更されたのは、会社法の制定による種類株式の多様化に伴い、従前の「株主等として取得したものを除く」の内容を、より明確化する趣旨に出たものであって、株主間の平等に着目した上記の考え方を変更するものではなかったと解される。このことは、上記改正に係る解説の内容から明らかであるし、また、法人税基本通達2-3-8が、「他の株主等に損害を及ぼすおそれがないと認められる場合」とは、株主等である法人が有する株式の内容及び数に応じて株式又は新株予約権が平等に与えられ、かつ、その株主等とその内容の異なる株式を有する株主等との間においても経済的な衡平が維持される場合をいう旨定めており、その中で株主間の経済的な衡平の維持に着目していることなどからも裏付けられるところである。

　上記改正経緯に照らせば、上記通達にいう内容の異なる株式とは、種類株式のことを指すものと解される。そして、タイ国民商法典においては、普通株式のほか優先株式も発行することができるところ、B社では、付属定款において、発行する全ての株式が記名普通株式であると定められ、全ての株式に譲渡制限が付され、議決権も「株式1株につき決議権1個」と規定されている。したがって、B社の発行する株式は、A社の有する株式もA社以外の株主が有する株式もいずれも譲渡制限が付され、株式1株につき決議権1個が与えられた記名普通株式である。そうすると、A社以外の株主の有する株式が内容の異なる株式に当たるとはいえない。

有利発行株式の「計算の時価」

　法人税法施行令第119条第1項第4号にいう「有価証券の取得の時における
その有価証券の取得のために通常要する価額」（いわゆる「計算の時価」）につ
いて、法人税基本通達2-3-9は、次の通り定めている。

（通常要する価額に比して有利な金額）
法人税基本通達2-3-9

　　令第119条第1項第4号《有利発行により取得した有価証券の取得価額》に規
　定する有価証券の取得の時におけるその有価証券の取得のために通常要する価
　額は、次に掲げる場合の区分に応じ、それぞれ次による。
　⑴　新株が令第119条の13第1項第1号から第3号まで《市場有価証券の時価
　　　評価金額》に掲げる有価証券（以下2-3-9において「市場有価証券」と
　　　いう。）である場合
　　　　その新株の払込み又は給付に係る期日（払込み又は給付の期間を定めた
　　　ものにあっては、その払込み又は給付をした日。以下2-3-9において
　　　「払込期日」という。）における当該新株の4-1-4《市場有価証券等の価
　　　額》に定める価額
　⑵　旧株は市場有価証券であるが、新株は市場有価証券でない場合
　　　　新株の払込期日における旧株の4-1-4に定める価額を基準として当該
　　　新株につき合理的に計算される価額
　⑶　⑴及び⑵以外の場合
　　　　その新株又は出資の払込期日において当該新株につき4-1-5及び
　　　4-1-6《市場有価証券等以外の株式の価額》に準じて合理的に計算され
　　　る当該払込期日の価額

　本通達の⑴は、新株が市場有価証券である場合における「計算の時価」は、
新株の払込期日におけるその新株の法人税基本通達4-1-4《市場有価証券等
の価額》に定める価額とするものである。

　また、本通達の⑵は、旧株は市場有価証券であるが、新株は市場有価証券で
ない場合における「計算の時価」は、新株の払込期日における旧株の法人税基

本通達4-1-4に定める価額を基準としてその新株につき合理的に計算される価額とするものである。具体的には、旧株の市場価格を基準とし、これに旧・新株の配当差を考慮して計算する[22]。

　さらに、本通達の(3)は、本通達の(1)及び(2)以外の場合における「計算の時価」は、新株の払込期日においてその新株につき法人税基本通達4-1-5及び同4-1-6《市場有価証券等以外の株式の価額》に準じて合理的に計算されるその払込期日の価額とするものである。

　なお、「計算の時価」の具体的な計算方法に関する例として、東京高裁平成22年12月15日判決及び東京高裁平成28年3月24日判決（**第2部　事例2**）がある。

東京高判平22・12・15

(事案の概要)

　本件は、自動車の完成品や組立部品の輸出及び海外での販売事業等を行っているA社が、タイにおいて上記販売事業を行う関連会社であるタイ法人2社（C社及びD社）が発行した株式（以下「本件2社株」という。）を額面価額で引き受けたことについて、甲税務署長が、本件2社株が法人税法施行令（平成18年政令第125号による改正前のもの。）第119条第1項第3号所定の有利発行の有価証券に当たり、その引受価額と時価との差額相当分の利益が生じていたなどとして、法人税の更正処分等をした事案である。

　(注)　更正通知書に付記された理由においては、E社株の取得に係る受贈益についての記載がなかったにもかかわらず、甲税務署長は、本件訴訟において、E社株の取得に係る受贈益についても、更正処分等の根拠として主張したが、本判決は、理由の差替えとして、許容することができないと判示している。

（ステップ1）D社及びE社株引受前

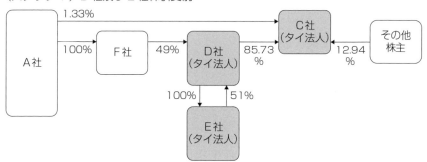

（ステップ2）D社及びE社株引受後

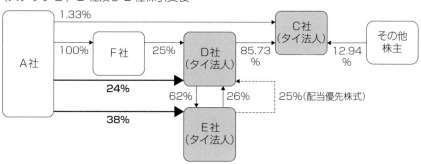

（ステップ3）C社株引受前〈ステップ2の後、C社、D社及びE社の減資が行われている〉

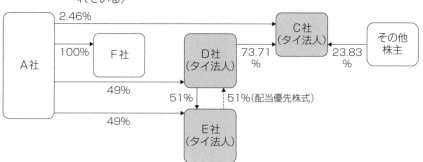

（ステップ４）C社株引受後

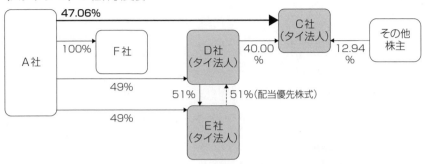

（出典：国税庁 HP「税務訴訟資料」を一部加工）

（判決の要旨）

　本判決は、C 社及び D 社の「計算の時価」は、 **表4** の通り算定されると判示している。

表4

		基準日	発行済株式総数 （①）	純資産価額 （②）	1株当たりの 価額　（②÷①）
D社	判定 時価	臨時株主総会 （平16.3.26）	6,239,520株 （平15.12末時点）	10,490,075,152.47 バーツ （平15/12期確定 決算書）	1,681バーツ
	計算 時価	増資払込日 （平16.4.30）	3,956,000株 （平16.4.30増資後）	9,662,223,499.05 バーツ （平16.3末時点 財務諸表）	2,442バーツ
C社	判定 時価	臨時株主総会 （平16.11.22）	3,000,000株 （平16.9末時点）	9,799,804,084.67 バーツ （平16.9末時点 財務諸表）	3,266バーツ
	計算 時価	増資払込日 （平16.12.20）	3,000,000株 平16.9末時点 平16.12.20増資後	同上	同上

（注）　C社の「計算時価」の「発行済株式総数（①）」欄に「平16.9末時点」と「平16.12.20
　　　増資後」を併記しているのは、直近の財務諸表の作成基準日（平成16年9月末）の後、
　　　減資（1,372,000株）と増資（1,372,000株）を順に行った結果、「平16.9末時点」と「平
　　　16.12.20増資後」の両時点における発行済株式総数が同数となっていることによる。な
　　　お、A社は、平成15年10月7日に開催された社長室会において、株式の増減資について
　　　は、全て額面価額である1株1,000バーツで行う旨の決定をし、C社は同決定に従い、同
　　　月21日開催の株主総会において、減資を行う旨の決議をした。また、増資については、
　　　平成16年11月22日にC社の臨時株主総会が開かれ、C社の普通株式が額面価額1,000
　　　バーツで発行されることが可決された。
　　（出典：山口勇輝「株式の有利発行に伴う課税の研究」税大論叢97号205頁（2019）を参考に作成）

　　なお、A社が、新株主が既存株式を保有する場合には、既存株式に希薄化損失が
生ずるから、受贈益の額の計算上、その額を控除すべきである旨主張したのに対し
て、本判決は、「A社の主張する希薄化損失とは、本件2社株の発行により、同各株
式の発行会社の既存株主であるF社、E社、D社及びA社が保有する既存の株式の
価値が減少し、その結果、A社が保有するC社、D社、E社及びF社の株式の価値
が減少したこと、すなわち含み益が減少したことをいうものであると解される」、

「この点、法人税法は、保有資産については、内在する含み益の増減は課税上考慮しないこととし、それが譲渡される時点において、当該資産に発生していたそれまでの含み益又は含み損が一括して清算されて、はじめて利益又は損失の実現が生じ、その時点において、利益が実現すれば課税される関係が生じるものと取り扱うこととして、原則として実現した利益のみが所得であるという考え方（実現原則）を採用し、未実現の利益を課税の対象から除外しており（法人税法25条1項）、法人の保有資産に内在する含み益の増減は課税上考慮しないこととしているから、これを課税上考慮することはできない」と判示して、A社の主張を排斥した。

東京高判平28・3・24

（事案の概要）

　本件は、A社が、タイに所在するA社の関連法人であるB社が発行した新株（以下「本件株式」という。）を額面価額で引き受け、その払込金額を本件株式の取得価額に計上して法人税の確定申告をしたところ、課税庁が、本件株式は法人税法施行令第119条第1項第4号に規定する有価証券に該当し、本件株式の取得価額はその取得のために通常要する価額となるから、当該価額と払込価額との差額は受贈益として益金の額に算入すべきであるなどとして法人税の更正処分及び過少申告加算税の賦課決定処分（以下「本件更正処分等」という。）をした事案である。

（判決の要旨）

　本判決は、受贈益の額（14億440万3,000円）の算定過程を直接摘示していないが、課税庁は、「計算の時価」の算定を、 表5 の通り行い、これと払込金額（250バーツ）との差額に引き受けた株式数（28万7,500株）を乗じ、さらに、円換算（1円＝3.64バーツ）を行って、本件更正処分等をしたものと考えられ、本判決は、本件更正処分等を適法と判断している。

表5

		基準日	発行済株式総数 （①）	純資産価額 （②）	1株当たりの 価額（②÷①）
B社	判定 時価	臨時株主総会 （平19.2.19 平19.3.16）	12,500株 （平19.2.19 平19.3.16）	405,773,458バーツ （平18/12期確定決算書）	32,461バーツ
	計算 時価	増資払込日 （平19.3.27）	300,000株 （平19.3.27増資 後）	477,648,458バーツ （＝405,773,458（同上）＋ 71,875,000（払込金額））	1,592バーツ

（出典：山口勇輝「株式の有利発行に伴う課税の研究」税大論叢97号214頁（2019）を参考に作成）

＊　　　　　＊　　　　　＊

5.1 市場有価証券等の価額

　法人税基本通達2－3－9は、法人税法施行令第119条第1項第4号に規定する「その取得の時におけるその有価証券の取得のために通常要する価額」について、⑴において、新株が市場有価証券である場合における「計算の時価」は、新株の払込期日におけるその新株の法人税基本通達4－1－4に定める価額とする旨、⑵において、旧株は市場有価証券であるが、新株は市場有価証券でない場合における「計算の時価」は、新株の払込期日における旧株の法人税基本通達4－1－4に定める価額を基準としてその新株につき合理的に計算される価額とする旨定めているところ、法人税基本通達4－1－4は、次の通り定めている。

> **（市場有価証券等の価額）**
> **法人税基本通達4－1－4**
> 　法人の有する市場有価証券等（令第119条の13第1項第1号から第4号まで《市場有価証券等の時価評価金額》に掲げる有価証券をいう。以下4－1－6までにおいて同じ。）について法第25条第3項《資産評定による評価益の益金算入》の規定を適用する場合において、再生計画認可の決定があった時の当該市場有

価証券等の価額は、4 - 1 - 7《企業支配株式等の時価》の適用を受けるものを除き、令第119条の13第1項第1号から第4号まで及びこれらの規定に係る取扱いである2 - 3 -30から2 - 3 -32まで《市場有価証券等の時価評価金額の取扱い》により定められている価額による。

　内国法人について再生計画認可の決定があったことその他これに準ずる一定の事実が生じた場合において、その内国法人がその有する資産の価額につき評定を行っているときは、その資産の評価益の額は、原則として、これらの事実が生じた日の属する事業年度の所得の金額の計算上、益金の額に算入することとされている（法法25③）。

　本通達は、再生計画認可の決定があった時の市場有価証券等の価額は、法人税基本通達4 - 1 - 7《企業支配株式等の時価》の適用を受けるものを除き、法人税法施行令第119条の13《売買目的有価証券の時価評価金額》第1項第1号から第4号まで及び法人税基本通達2 - 3 -30から2 - 3 -32まで《市場有価証券等の時価評価金額の取扱い》により定められている価額（ただし、「事業年度終了の日」とあるのは、「再生計画認可の決定があった日」として計算する[23]。）による旨定めている。

関 係 法 令 等

（売買目的有価証券の時価評価金額）
法人税法施行令第119条の13
1　法第61条の3第1項第1号（売買目的有価証券の評価益又は評価損の益金又は損金算入等）に規定する政令で定めるところにより計算した金額は、事業年度終了の時において有する有価証券を銘柄の異なるごとに区別し、その銘柄を同じくする有価証券について、次の各号に掲げる有価証券の区分に応じ当該各号に定める金額にその有価証券の数を乗じて計算した金額とする。
一　取引所売買有価証券（その売買が主として金融商品取引法第2条第16項（定義）に規定する金融商品取引所（これに類するもので外国の法令に基づき設立されたものを含む。以下この号及び第4号において「金融商品取引所」という。）の開設する市場において行われている有価証券をいう。以下

---

23)　佐藤・前掲注13) 492頁

この号において同じ。）

　　金融商品取引所において公表された当該事業年度終了の日におけるその取引所売買有価証券の最終の売買の価格（公表された同日における最終の売買の価格がない場合には公表された同日における最終の気配相場の価格とし、その最終の売買の価格及びその最終の気配相場の価格のいずれもない場合にはその取引所売買有価証券の同日における売買の価格に相当する金額として同日前の最終の売買の価格又は最終の気配相場の価格が公表された日で当該事業年度終了の日に最も近い日におけるその最終の売買の価格又はその最終の気配相場の価格を基礎とした合理的な方法により計算した金額とする。）

二　店頭売買有価証券（金融商品取引法第2条第8項第10号ハに規定する店頭売買有価証券をいう。以下この号において同じ。）及び取扱有価証券（同法第67条の18第4号（認可協会への報告）に規定する取扱有価証券をいう。以下この号において同じ。）

　　同法第67条の19（売買高、価格等の通知等）の規定により公表された当該事業年度終了の日におけるその店頭売買有価証券又は取扱有価証券の最終の売買の価格（公表された同日における最終の売買の価格がない場合には公表された同日における最終の気配相場の価格とし、その最終の売買の価格及びその最終の気配相場の価格のいずれもない場合にはその店頭売買有価証券又は取扱有価証券の同日における売買の価格に相当する金額として同日前の最終の売買の価格又は最終の気配相場の価格が公表された日で当該事業年度終了の日に最も近い日におけるその最終の売買の価格又はその最終の気配相場の価格を基礎とした合理的な方法により計算した金額とする。）

三　その他価格公表有価証券（前2号に掲げる有価証券以外の有価証券のうち、価格公表者（有価証券の売買の価格又は気配相場の価格を継続的に公表し、かつ、その公表する価格がその有価証券の売買の価格の決定に重要な影響を与えている場合におけるその公表をする者をいう。以下この号及び次号において同じ。）によって公表された売買の価格又は気配相場の価格があるものをいう。以下この号において同じ。）

　　価格公表者によって公表された当該事業年度終了の日における当該その他価格公表有価証券の最終の売買の価格（公表された同日における最終の売買の価格がない場合には公表された同日における最終の気配相場の価格とし、その最終の売買の価格及びその最終の気配相場の価格のいずれもな

い場合には当該その他価格公表有価証券の同日における売買の価格に相当する金額として同日前の最終の売買の価格又は最終の気配相場の価格が公表された日で当該事業年度終了の日に最も近い日におけるその最終の売買の価格又はその最終の気配相場の価格を基礎とした合理的な方法により計算した金額とする。）

四　前3号に掲げる有価証券以外の有価証券（株式又は出資を除く。）

その有価証券に類似する有価証券について公表（金融商品取引所における公表、金融商品取引法第67条の19の規定による公表又は価格公表者による公表に限る。）がされた当該事業年度終了の日における最終の売買の価格又は利率その他の価格に影響を及ぼす指標に基づき合理的な方法により計算した金額

五　前各号に掲げる有価証券以外の有価証券

その有価証券の当該事業年度終了の時における帳簿価額

2　（略）

（取引所売買有価証券の気配相場）

法人税基本通達2-3-30

令第119条の13第1項第1号《取引所売買有価証券の時価評価金額》に規定する「取引所売買有価証券」の同号に規定する「最終の気配相場の価格」は、その日における最終の売り気配と買い気配の仲値とする。ただし、当該売り気配又は買い気配のいずれか一方のみが公表されている場合には、当該公表されている最終の売り気配又は買い気配とする。

（注）1　法人が、転換社債型新株予約権付社債（募集事項において、社債と新株予約権がそれぞれ単独で存在し得ないこと及び新株予約権が付された社債を当該新株予約権の行使時における出資の目的とすることをあらかじめ明確にしている新株予約権付社債をいう。）に係る最終の気配相場の価格として、取引所の定める基準値段（当該転換社債型新株予約権付社債について事業年度終了の日の翌日の呼値の制限値幅の基準となる価格をいう。）を使用しているときは、これを認める。

2　当該売り気配と買い気配の間の適切な価格を用いることとする旨及びその内容を予め定め、会計処理方針その他のものにより明らかにしている場合で、本文に定める方法に代えて当該予め定められた内容により決定される価格を継続して「最終の気配相場の価格」としているときは、これを認める。

（公表する価格の意義）

法人税基本通達2-3-31

　令第119条の13第1項第3号《その他価格公表有価証券の時価評価金額》に規定する「当該事業年度終了の日における当該その他価格公表有価証券の最終の売買の価格」又は「最終の気配相場の価格」とは、同号に規定する価格公表者によって公表される次に掲げる価格をいうことに留意する。この場合、当該価格は、法人が、各事業年度において同一の方法により入手又は算出する価格によるものとし、その入手価格は通常の方法により入手可能なもので差し支えないものとする。

　⑴　複数の店頭市場の情報を集計し、提供することを目的として組織化された業界団体が公表した事業年度終了の日における最終の売買の価格（事業年度終了の日の社債の取引情報により証券業協会が公表する約定単価を基に当該法人が算定した平均値又は中央値を含む。）又は最終の気配相場の価格（事業年度終了の日の気配値に基づいて証券業協会が公表する公社債店頭売買参考統計値の平均値又は中央値を含む。）

　⑵　金融機関又は証券会社間の市場、ディーラー間の市場、電子媒体取引市場のように、当該法人が随時売買又は換金を行うことができる取引システムにおいて成立する事業年度終了の日における最終の売買の価格又は最終の気配相場の価格

　⑶　ブローカーによって継続的に提示されている時価情報等のうち当該事業年度終了の日における最終の売買の価格又は最終の気配相場の価格（株式以外の有価証券については、当該ブローカーによって提示された合理的な方法により計算した価格を含む。）

　（注）　気配相場に係る価格の取扱いは、2-3-30《取引所売買有価証券の気配相場》の取扱いを準用する。

（合理的な方法による価額の計算）

法人税基本通達2-3-32

　令第119条の13第1項第1号から第4号まで《売買目的有価証券の時価評価金額》に規定する合理的な方法（以下2-3-34までにおいて「合理的な方法」という。）による同項各号に掲げる有価証券の当該事業年度終了の時の価額は、令和元年7月4日付企業会計基準第30号「時価の算定に関する会計基準」に定める算定方法などにより計算するのであるが、それぞれの方法による計算の基礎とする事項として用いられる市場価格、利率、信用度、株価変動性又は市場の

需給動向等の経済指標などの指標は、客観的なものを最大限使用し、最も適切な金額となるよう計算することに留意する。

5.2 市場有価証券等以外の株式の価額

法人税基本通達 2 - 3 - 9 は、法人税法施行令第119条第 1 項第 4 号に規定する「その取得の時におけるその有価証券の取得のために通常要する価額」について、(3)において、①新株が市場有価証券等である場合及び②旧株は市場有価証券等であるが、新株は市場有価証券等でない場合以外の場合における「計算の時価」は、新株の払込期日においてその新株につき法人税基本通達 4 - 1 - 5 及び 4 - 1 - 6 に準じて合理的に計算されるその払込期日の価額とする旨定めているところ、法人税基本通達 4 - 1 - 5 は、次の通り定めている。

（市場有価証券等以外の株式の価額）
法人税基本通達 4 - 1 - 5
　市場有価証券等以外の株式について法第25条第 3 項《資産評定による評価益の益金算入》の規定を適用する場合において、再生計画認可の決定があった時の当該株式の価額は、次の区分に応じ、次による。
　(1)　売買実例のあるもの
　　　当該再生計画認可の決定があった日前 6 月間において売買の行われたもののうち適正と認められるものの価額
　(2)　公開途上にある株式（金融商品取引所が内閣総理大臣に対して株式の上場の届出を行うことを明らかにした日から上場の日の前日までのその株式）で、当該株式の上場に際して株式の公募又は売出し（以下 4 - 1 - 5 において「公募等」という。）が行われるもの（(1)に該当するものを除く。）
　　　金融商品取引所の内規によって行われる入札により決定される入札後の公募等の価格等を参酌して通常取引されると認められる価額
　(3)　売買実例のないものでその株式を発行する法人と事業の種類、規模、収益の状況等が類似する他の法人の株式の価額があるもの（(2)に該当するものを除く。）
　　　当該価額に比準して推定した価額
　(4)　(1)から(3)までに該当しないもの

> 当該再生計画認可の決定があった日又は同日に最も近い日におけるその株式の発行法人の事業年度終了の時における1株当たりの純資産価額等を参酌して通常取引されると認められる価額

　内国法人について再生計画認可の決定があったことその他これに準ずる一定の事実が生じた場合において、その内国法人がその有する資産の価額につき評定を行っているときは、その資産の評価益の額は、原則として、これらの事実が生じた日の属する事業年度の所得の金額の計算上、益金の額に算入することとされている（法法25③）。

　本通達は、再生計画認可の決定があった時の市場有価証券等以外の株式の価額は、本通達の(1)～(4)に掲げる株式の区分に応じ、**表6**の通りである旨定めている。

表6

株式の区分	株式の価額
①　売買実例のあるもの	再生計画認可の決定があった日前6月間において売買の行われたもののうち適正と認められるものの価額
②　公開途上にある株式で、その株式の上場に際して株式の公募等が行われるもの（①に該当するものを除く。）	金融商品取引所の内規によって行われる入札により決定される入札後の公募等の価格等を参酌して通常取引されると認められる価額
③　売買実例のないものでその株式を発行する法人と事業の種類、規模、収益の状況等が類似する他の法人の株式の価額があるもの（②に該当するものを除く。）	その価額に比準して推定した価額（注）
④　①～③に該当しないもの	再生計画認可の決定があった日又は同日に最も近い日におけるその株式の発行法人の事業年度終了の時における1株当たりの純資産価額等を参酌して通常取引されると認められる価額

（注）　この場合の類似法人の株式の価額は、上場されている場合の公表された最終価格、気配相場のある場合の最終価格又は売買実例がある場合の売買価額のいずれでもよい[24]。

5.3　市場有価証券等以外の株式の価額の特例

　法人税基本通達２－３－９は、法人税法施行令第119条第１項第４号に規定する「その取得の時におけるその有価証券の取得のために通常要する価額」について、(3)において、①新株が市場有価証券等である場合及び②旧株は市場有価証券等であるが、新株は市場有価証券等でない場合以外の場合における「計算の時価」は、新株の払込期日においてその新株につき法人税基本通達４－１－５及び４－１－６に準じて合理的に計算されるその払込期日の価額とする旨定めているところ、法人税基本通達４－１－６は、次の通り定めている。

（市場有価証券等以外の株式の価額の特例）
法人税基本通達４－１－６
　法人が、市場有価証券等以外の株式（４－１－５の(1)及び(2)に該当するものを除く。）について法第25条第３項《資産評定による評価益の益金算入》の規定を適用する場合において、再生計画認可の決定があった時における当該株式の価額につき昭和39年４月25日付直資56・直審（資）17「財産評価基本通達」（以下４－１－６において「財産評価基本通達」という。）の178から189－７まで《取引相場のない株式の評価》の例によって算定した価額によっているときは、課税上弊害がない限り、次によることを条件としてこれを認める。
　(1)　当該株式の価額につき財産評価基本通達179の例により算定する場合（同通達189－３の(1)において同通達179に準じて算定する場合を含む。）において、当該法人が当該株式の発行会社にとって同通達188の(2)に定める「中心的な同族株主」に該当するときは、当該発行会社は常に同通達178に定める「小会社」に該当するものとしてその例によること。
　(2)　当該株式の発行会社が土地（土地の上に存する権利を含む。）又は金融商品取引所に上場されている有価証券を有しているときは、財産評価基本通達185の本文に定める「１株当たりの純資産価額（相続税評価額によって計算した金額）」の計算に当たり、これらの資産については当該再生計画認可の決定があった時における価額によること。

---

24)　佐藤・前掲注13) 494頁

(3)　財産評価基本通達185の本文に定める「1株当たりの純資産価額（相続税評価額によって計算した金額）」の計算に当たり、同通達186-2により計算した評価差額に対する法人税額等に相当する金額は控除しないこと。

　内国法人について再生計画認可の決定があったことその他これに準ずる一定の事実が生じた場合において、その内国法人がその有する資産の価額につき評定を行っているときは、その資産の評価益の額は、原則として、これらの事実が生じた日の属する事業年度の所得の金額の計算上、益金の額に算入することとされている（法法25③）。

　本通達は、再生計画認可の決定があった時の市場有価証券等以外の株式（法人税基本通達4-1-5の(1)及び(2)に該当するものを除く。）の価額につき財産評価基本通達の例によって算定した価額によっているときは、課税上弊害がない限り、本通達の(1)～(3)によることを条件としてこれを認める旨定めている。

参考

　本通達において準用する財産評価基本通達の178から189-7まで《取引相場のない株式の評価》の概要は、次の通りである（出典：国税庁HP）。
「1　原則的評価方式
　　原則的評価方式は、評価する株式を発行した会社を総資産価額、従業員数及び取引金額により大会社、中会社又は小会社のいずれかに区分して、原則として次のような方法で評価をすることになっています。
　(1)　大会社
　　　大会社は、原則として、類似業種比準方式により評価します。類似業種比準方式は、類似業種の株価を基に、評価する会社の一株当たりの『配当金額』、『利益金額』及び『純資産価額（簿価）』の三つで比準して評価する方法です。
　　　なお、類似業種の業種目及び業種目別株価などは、国税庁ホームページで閲覧できます。
　(2)　小会社
　　　小会社は、原則として、純資産価額方式によって評価します。純資産価額方式は、会社の総資産や負債を原則として相続税の評価に洗い替え

て、その評価した総資産の価額から負債や評価差額に対する法人税額等
相当額を差し引いた残りの金額により評価する方法です。

(3)　中会社

　　中会社は、大会社と小会社の評価方法を併用して評価します。

2　特例的な評価方式

　　取引相場のない株式は、原則として、以上のような方式により評価しま
すが、同族株主以外の株主が取得した株式については、その株式の発行会
社の規模にかかわらず原則的評価方式に代えて特例的な評価方式の配当還
元方式で評価します。配当還元方式は、その株式を所有することによって
受け取る一年間の配当金額を、一定の利率（10%）で還元して元本である
株式の価額を評価する方法です。

3　特定の評価会社の株式の評価

　　次のような特定の評価会社の株式は、原則として、(1)～(5)については純
資産価額方式により、(6)については清算分配見込額により評価することに
なっています。

　　なお、(1)～(4)の会社の株式を取得した同族株主以外の株主等について
は、特例的な評価方式である配当還元方式により評価します。

(1)　類似業種比準方式で評価する場合の3つの比準要素である『配当金
　　額』、『利益金額』及び『純資産価額（簿価）』のうち直前期末の比準要素
　　のいずれか2つがゼロであり、かつ、直前々期末の比準要素のいずれか
　　2つ以上がゼロである会社（比準要素数1の会社）の株式

(2)　株式等の保有割合（総資産価額中に占める株式、出資及び新株予約権
　　付社債の価額の合計額の割合）が一定の割合以上の会社（株式等保有特
　　定会社）の株式

(3)　土地等の保有割合（総資産価額中に占める土地などの価額の合計額の
　　割合）が一定の割合以上の会社（土地保有特定会社）の株式

(4)　課税時期（相続又は遺贈の場合は被相続人の死亡の日、贈与の場合は
　　贈与により財産を取得した日）において開業後の経過年数が3年未満の
　　会社や、類似業種比準方式で評価する場合の3つの比準要素である『配
　　当金額』、『利益金額』及び『純資産価額（簿価）』の直前期末の比準要素
　　がいずれもゼロである会社（開業後3年未満の会社等）の株式

(5)　開業前又は休業中の会社の株式

(6)　清算中の会社の株式」

6 計算例

　以下、条文及び判例（東京高判平28・3・24）の趣旨に照らして、新株の有利発行に伴う受贈益の額の計算例をごく簡単な数値例で示す。

6.1　第三者に対する有利発行

〔前提条件〕

(1)　D社（発行済株式数3、純資産額300円）の株主は、A社（保有株式数2、1株当たりの純資産額100円）及びB社（保有株式数1、1株当たりの純資産額100円）の2社である。

(2)　D社は、C社に対して、新たに3株を著しく有利な価額（1株当たりの払込金額10円）で発行した。

〔検討〕

(1)　有利発行後の1株当たりの純資産額は、55円（＝（300円＋3株×10円）÷（3株＋3株））である。

(2)　C社が取得した新株の取得価額は、165円（＝3株×55円）であり、C社において認識すべき受贈益の額は、135円（＝3株×（55円－10円））である。

借　　　方		貸　　　方	
有　価　証　券	165	現　　　　　金	30
		受　　贈　　益	135

(3)　上記(2)の受贈益の額は、A社の既保有株式に係る希薄化損失の額（（100円－55円）×2株＝90円）とB社の既保有株式に係る希薄化損失の額（（100円－55円）×1株＝45円）の合計額に一致する。A社及びB社とC社との間に取引の存在を観念することができる場合には、A社及びB社が、その保有する資産価値を無償でC社に譲渡したという説明が可能である。なお、A社及びB社において、稀薄化損失は未実現の損失であると解すべきと考えられる[25]。

---

25)　金子・前掲注2）341頁

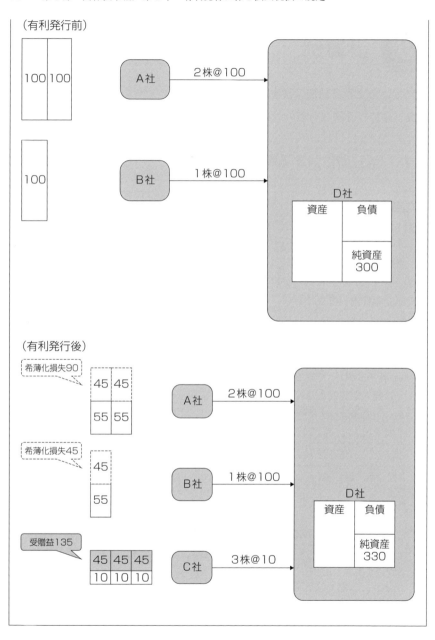

6.2　株主等の全部に対する有利発行

〔前提条件〕

(1)　D社（発行済株式数3、純資産額300円）の株主は、A社（保有株式数2、1株当たりの純資産額100円）及びB社（保有株式数1、1株当たりの純資産額100円）の2社である。

(2)　D社は、A社に対して、新たに2株を、B社に対して、新たに1株を、いずれも著しく有利な価額（1株当たりの払込金額10円）で発行した。

〔検討〕

(1)　有利発行後の1株当たりの純資産額は、55円（＝（300円＋3株×10円）÷（3株＋3株））である。

(2)　本件は、株主等として取得した場合であって、他の株主等に損害を及ぼすおそれがない場合であるため、A社が取得した新株の取得価額は、20円（＝2株×10円）、B社が取得した新株の取得価額は、10円（＝1株×10円）であり、A社及びB社において認識すべき受贈益の額は、零である。

（A社）

借　　方		貸　　方	
有　価　証　券	20	現　　　　　金	20

（B社）

借　　方		貸　　方	
有　価　証　券	10	現　　　　　金	10

(3)　A社の既保有株式に係る希薄化損失の額（（100円－55円）×2株＝90円）とA社が新たに取得した株式に係る含み益の額（（55円－10円）×2株＝90円）とが打ち消しあい、また、B社の既保有株式に係る希薄化損失の額（（100円－55円）×1株＝45円）とB社が新たに取得した株式に係る含み益の額（（55円－10円）×1株＝45円）とが打ち消しあっているという説明が可能である。

（有利発行前）

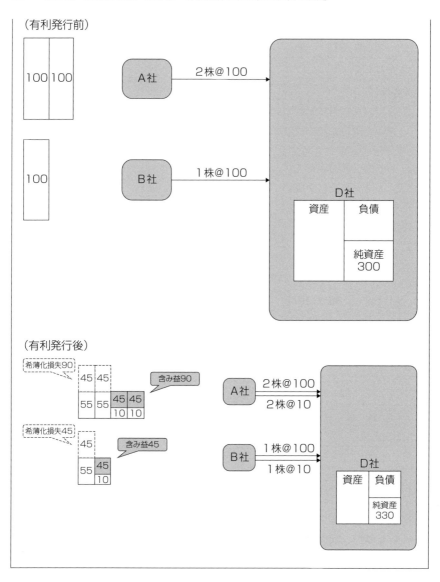

（有利発行後）

6.3 株主等の一部に対する有利発行

〔前提条件〕

(1) D社（発行済株式数3、純資産額300円）の株主は、A社（保有株式数2、1株当たりの純資産額100円）及びB社（保有株式数1、1株当たりの純資産額100円）の2社である。

(2) D社は、A社に対して、新たに3株を著しく有利な価額（1株当たりの払込金額10円）で発行した。

〔検討〕

(1) 有利発行後の1株当たりの純資産額は、55円（＝（300円＋3株×10円）÷（3株＋3株））である。

(2) A社が取得した新株の取得価額は、165円（＝3株×55円）であり、A社において認識すべき受贈益の額は、135円（＝3株×（55円－10円））である。

借　　方		貸　　方	
有　価　証　券	165	現　　　　　金	30
		受　贈　　益	135

(3) 上記(2)の受贈益の額は、A社の既保有株式に係る希薄化損失の額（（100円－55円）×2株＝90円）とB社の既保有株式に係る希薄化損失の額（（100円－55円）×1株＝45円）の合計額に一致する。A社とB社との間に取引の存在を観念することができる場合には、A社において認識すべき受贈益の額のうち45円は、B社からその保有する資産価値を無償で譲り受けたものであるという説明が可能であるが、残りの90円は、A社の既保有株式に係る希薄化損失の額（（100円－55円）×2株＝90円）に見合うものである。後者については、受贈益の額と希薄化損失の額とが打ち消しあうとも考えられるが、東京高裁平成22年12月15日判決は、そのような取扱いを否定している。なお、B社において、稀薄化損失は未実現の損失であると解すべきと考えられる[26]。

---

26) 金子・前掲注2）341頁

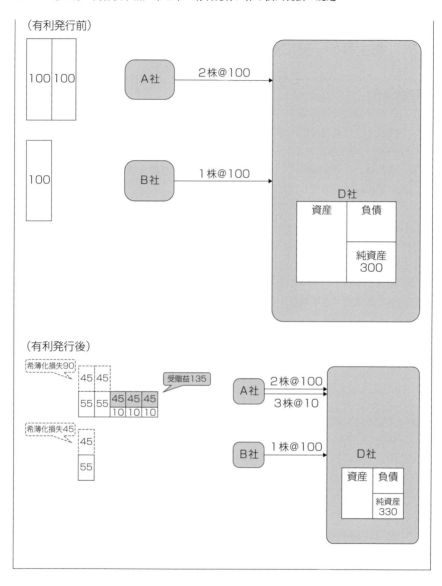

第 *3* 章

有利発行に係る所得税法の規定

1 収入金額の意義

1.1　総　則

所得税法第36条は、次の通り規定している。

（収入金額）
所得税法第36条
1　その年分の各種所得の金額の計算上収入金額とすべき金額又は総収入金額に算入すべき金額は、別段の定めがあるものを除き、その年において収入すべき金額（金銭以外の物又は権利その他経済的な利益をもって収入する場合には、その金銭以外の物又は権利その他経済的な利益の価額）とする。
2　前項の金銭以外の物又は権利その他経済的な利益の価額は、当該物若しくは権利を取得し、又は当該利益を享受する時における価額とする。
3　（略）

本条第1項は、①その年分の各種所得の金額の計算上収入金額とすべき金額又は総収入金額に算入すべき金額は、現実に収入した金額によるのではなく、

その年において収入すべき金額による旨及び②収入すべき金額には、金銭によるもののほか、金銭以外の物又は権利その他経済的な利益によるものを含む旨規定している。上記①の「収入金額とすべき金額又は総収入金額に算入すべき金額」は、その収入の基因となった行為が適法であるかどうかを問わず（所通36-1）、また、上記①の「その年において収入すべき金額による」ことについては、棚卸資産等の自家消費の場合の総収入金額算入（所法39）、国庫補助金等の総収入金額不算入（所法42）、国外転出をする場合の譲渡所得等の特例（所法60の2）など、別段の定めが存在する。

　また、本条第2項は、「金銭以外の物又は権利その他経済的な利益」の価額は、その物若しくは権利を取得し、又はその利益を享受する時における価額とする旨規定している。

　この「金銭以外の物又は権利その他経済的な利益」については、所得税基本通達36-15において、具体例が示されている。

（経済的利益）
所得税基本通達36-15

　法第36条第1項かっこ内に規定する「金銭以外の物又は権利その他経済的な利益」（以下36-50までにおいて「経済的利益」という。）には、次に掲げるような利益が含まれる。

(1)　物品その他の資産の譲渡を無償又は低い対価で受けた場合におけるその資産のその時における価額又はその価額とその対価の額との差額に相当する利益

(2)　土地、家屋その他の資産（金銭を除く。）の貸与を無償又は低い対価で受けた場合における通常支払うべき対価の額又はその通常支払うべき対価の額と実際に支払う対価の額との差額に相当する利益

(3)　金銭の貸付け又は提供を無利息又は通常の利率よりも低い利率で受けた場合における通常の利率により計算した利息の額又はその通常の利率により計算した利息の額と実際に支払う利息の額との差額に相当する利益

(4)　(2)及び(3)以外の用役の提供を無償又は低い対価で受けた場合におけるその用役について通常支払うべき対価の額又はその通常支払うべき対価の額と実際に支払う対価の額との差額に相当する利益

(5)　買掛金その他の債務の免除を受けた場合におけるその免除を受けた金額又は自己の債務を他人が負担した場合における当該負担した金額に相当する利益

　本通達では、例えば、①物品その他の資産の譲渡を無償又は低額で受けた場合の時価相当額（低額譲受けの場合は、当該金額と実際の支払額との差額）、②土地、家屋その他の資産（金銭を除く。）の貸与を無償又は低額で受けた場合の通常の対価相当額（低額借受けの場合は、当該金額と実際の支払額との差額）、③金銭の貸付け又は提供を無利息又は低利で受けた場合の通常の利息相当額（低利借受けの場合は、当該金額と実際の支払額との差額）、④上記②及び③以外の用役の提供を無償又は低額で受けた場合の通常の対価相当額（低額享受の場合は、当該金額と実際の支払額との差額）及び⑤買掛金その他の債務の免除を受けた場合の免除を受けた金額又は債務の肩代わりを受けた場合の肩代わりを受けた金額が、「物又は権利その他経済的な利益」に含まれることが明らかにされている。

1.2　株式等を取得する権利に係る収入金額

　発行法人から株式を取得する権利で譲渡制限等が付されているものを与えられた場合におけるその権利に係る所得税法第36条第2項の価額について、所得税法施行令第84条第3項は、次の通り規定している。

（譲渡制限付株式の価額等）
所得税法施行令第84条
1・2　（略）
3　発行法人から次の各号に掲げる権利で当該権利の譲渡についての制限その他特別の条件が付されているものを与えられた場合（株主等として与えられた場合（当該発行法人の他の株主等に損害を及ぼすおそれがないと認められる場合に限る。）を除く。）における当該権利に係る法第36条第2項の価額は、当該権利の行使により取得した株式のその行使の日（第3号に掲げる権

利にあっては、当該権利に基づく払込み又は給付の期日（払込み又は給付の
期間の定めがある場合には、当該払込み又は給付をした日））における価額か
ら次の各号に掲げる権利の区分に応じ当該各号に定める金額を控除した金額
による。

一　会社法の施行に伴う関係法律の整備等に関する法律第64条（商法の一部
　　改正）の規定による改正前の商法（明治32年法律第48号）第280条ノ21第1
　　項（新株予約権の有利発行の決議）の決議に基づき発行された同項に規定
　　する新株予約権
　　　当該新株予約権の行使に係る当該新株予約権の取得価額にその行使に際
　　し払い込むべき額を加算した金額

二　会社法第238条第2項（募集事項の決定）の決議（同法第239条第1項
　　（募集事項の決定の委任）の決議による委任に基づく同項に規定する募集事
　　項の決定及び同法第240条第1項（公開会社における募集事項の決定の特
　　則）の規定による取締役会の決議を含む。）に基づき発行された新株予約権
　　（当該新株予約権を引き受ける者に特に有利な条件若しくは金額であること
　　とされるもの又は役務の提供その他の行為による対価の全部若しくは一部
　　であることとされるものに限る。）
　　　当該新株予約権の行使に係る当該新株予約権の取得価額にその行使に際
　　し払い込むべき額を加算した金額

三　株式と引換えに払い込むべき額が有利な金額である場合における当該株
　　式を取得する権利（前2号に掲げるものを除く。）
　　　当該権利の行使に係る当該権利の取得価額にその行使に際し払い込むべ
　　き額を加算した金額

　本条第3項は、発行法人から①旧商法第280条ノ21第1項の決議に基づき発
行された新株予約権で譲渡制限等が付されているもの、②会社法第238条第2
項の決議等に基づき発行された新株予約権で譲渡制限等が付されているもの
（募集新株予約権の引受人に特に有利な条件若しくは金額であるもの又は役務の提供
等による対価の全部若しくは一部であるものに限る。）又は③有利な払込金額でそ
の株式を取得する権利（上記①及び②の新株予約権を除く。）で譲渡制限等が付
されているものを与えられた場合における経済的利益の額（所法36②）は、そ
の権利の行使により取得した株式の権利行使日（上記③の権利にあっては、原則

として、払込み又は給付の期日）における価額から各権利の取得価額にその行使
に際し払い込むべき額を加算した金額を控除した金額による旨規定している。
ただし、上記①から③までの権利を株主等として与えられた場合（その発行法
人の他の株主等に損害を及ぼすおそれがないと認められる場合に限る。）は、所得税
の課税関係は生じないこととされている。

　譲渡が禁止されておらず、市場等において売買されるような新株予約権を与
えられた場合には、付与時における新株予約権の価額（時価）と発行価額との
差額は経済的利益として顕在化しているので、所得税法第36条第2項の規定に
より当然に付与時において課税すべきことになるが、譲渡が禁止されているよ
うな新株予約権その他株式等を取得する権利を与えられた場合においては、多
くの権利は市場価額が形成されないものであるのが実態であり、このような権
利を与えられた場合には、その時点でいくらの経済的利益について課税するの
かという点が不明確になることから、本条第3項において、その新株予約権の
行使時に課税することとされている。本条第3項柱書の「権利の譲渡について
の制限その他特別の条件が付されているもの」の文言は、このような考え方を
明確にするものである[1][2]。

　本条第3項第3号は、有利発行課税に関する規定である。同号にいう「株式
と引換えに払い込むべき額が有利な金額である場合における当該株式を取得す
る権利」は、会社法でいう「出資の履行をすることにより募集株式の株主とな
る権利」に当たり、その譲渡は株式会社に対抗することができないため（会
208④）、同項柱書にいう「権利の譲渡についての制限……が付されているも
の」に当たると解される[3]。

　したがって、本条第3項第3号に掲げる権利は、付与時における課税はな
く、その行使により取得した株式についての申込日又は申込期限に（所通23～
35共-6の2）、次の算式で計算した金額が収入金額（所法36②）とされること

1）　財務省大臣官房文書課『ファイナンス別冊　平成18年度税制改正の解説』152頁（大蔵財務協
　　会、2006）
2）　武田昌輔監修『DHCコンメンタール　所得税法（2-2巻）』3191頁～（第一法規、1983）
3）　岡村忠生ほか「有利発行課税の構造と問題」『新しい法人税法』254頁（有斐閣、2007）

となる。

《算式》

$$\left(\begin{array}{l}\text{その権利の行使により取得した}\\\text{株式のその権利に基づく払込み}\\\text{又は給付の期日（払込み又は給}\\\text{付の期間の定めがある場合に}\\\text{は、その払込み又は給付をした}\\\text{日）における価額}\end{array}\right) - \left(\begin{array}{l}\text{その権利の行使}\\\text{に係るその権利}\\\text{の取得価額}\end{array} + \begin{array}{l}\text{その権利の行使}\\\text{に際し払い込む}\\\text{べき額}\end{array}\right)$$

　なお、株主等として有利発行を受けた場合であっても、時価よりも低い価格で株式を取得した以上、その差額は課税されるべきとも考えられるが、「株主等として与えられた場合（当該発行法人の他の株主等に損害を及ぼすおそれがないと認められる場合に限る。）」は、本条第3項柱書かっこ書において明示的に除くこととされ、この場合には、払込金額が取得価額となる（所令109①一）[4]。

4） 岡村ほか・前掲注3）260頁

株式等を取得する権利を与えられた場合の所得区分

　発行法人から所得税法施行令第84条第3項各号に掲げる権利を与えられた場合のその権利の行使による株式の取得に係る所得区分について、所得税基本通達23〜35共‐6は、次の通り定めている。

（株式等を取得する権利を与えられた場合の所得区分）
所得税基本通達23〜35共‐6

　発行法人から令第84条第3項各号に掲げる権利を与えられた場合（同項の規定の適用を受ける場合に限る。以下23〜35共‐6の2において同じ。）の当該権利の行使による株式（これに準ずるものを含む。以下23〜35共‐9までにおいて同じ。）の取得に係る所得区分は、次に掲げる場合に応じ、それぞれ次による。
⑴　令第84条第3項第1号又は第2号に掲げる権利を与えられた者がこれを行使した場合
　　発行法人（外国法人を含む。）と当該権利を与えられた者との関係等に応じ、それぞれ次による。
　イ　発行法人と権利を与えられた者との間の雇用契約又はこれに類する関係に基因して当該権利が与えられたと認められるとき
　　　給与所得とする。ただし、退職後に当該権利の行使が行われた場合において、例えば、権利付与後短期間のうちに退職を予定している者に付与され、かつ、退職後長期間にわたって生じた株式の値上り益に相当するものが主として供与されているなど、主として職務の遂行に関連を有しない利益が供与されていると認められるときは、雑所得とする。
　　（注）　例えば、措置法第29条の2第1項《特定の取締役等が受ける新株予約権の行使による株式の取得に係る経済的利益の非課税等》に規定する「取締役等」の関係については、雇用契約又はこれに類する関係に該当することに留意する。
　ロ　権利を与えられた者の営む業務に関連して当該権利が与えられたと認められるとき
　　　事業所得又は雑所得とする。
　　（注）　例えば、措置法第29条の2第1項に規定する「特定従事者」にその者の

　　　　　営む業務に関連して同項に規定する特定新株予約権が与えられた場合（雇
　　　　用契約又はこれに類する関係にない場合に限る。）において同項の適用がな
　　　　いときは、上記に該当することに留意する。
　　ハ　イ及びロ以外のとき
　　　　原則として雑所得とする。
　(2)　令第84条第3項第3号に掲げる権利を与えられた者がこれを行使した場
　　合
　　　　一時所得とする。ただし、当該発行法人の役員又は使用人に対しその地
　　位又は職務等に関連して株式を取得する権利が与えられたと認められると
　　きは給与所得とし、これらの者の退職に基因して当該株式を取得する権利
　　が与えられたと認められるときは退職所得とする。

　本通達の(1)は、発行法人から①旧商法第280条ノ21第1項の決議に基づき発
行された新株予約権で譲渡制限等が付されているもの又は②会社法第238条第
2項の決議等に基づき発行された新株予約権で譲渡制限等が付されているもの
（募集新株予約権の引受人に特に有利な条件若しくは金額であるもの又は役務の提供
等による対価の全部若しくは一部であるものに限る。）を与えられた場合のその権
利の行使による株式の取得に係る所得区分は、 表1 の通りである旨定めてい
る。ただし、上記①及び②の権利を株主等として与えられた場合（その発行法
人の他の株主等に損害を及ぼすおそれがないと認められる場合に限る。）は、所得税
の課税関係は生じないこととされている。

表1

①	発行法人と権利を与えられた者との間の雇用契約又はこれに類する関係に基因してその権利が与えられたと認められる場合（注1）	給与所得
	退職後に当該権利の行使が行われた場合において、主として職務の遂行に関連を有しない利益が供与されていると認められるとき（注2）	雑所得
②	権利を与えられた者の営む業務に関連してその権利が与えられたと認められる場合（注3）	事業所得又は雑所得
③	上記①及び②以外の場合（注4）	雑所得

（注1）　例えば、親会社が一定の関係にある子会社の取締役等に付与する場合などがこれに該当する[5]。

（注2）　例えば、権利付与後短期間のうちに退職を予定している者に付与され、かつ、退職後長期間にわたって生じた株式の値上り益に相当するものが主として供与されているときなどがこれに該当する。

（注3）　例えば、融資先や仕入先、経営コンサルタント、顧問弁護士等であることに関連して付与された場合や取引会社の取締役等であることに基因して付与された場合などがこれに該当する[6]。

（注4）　この場合には、権利行使時に課税される経済的利益は、実質的に長期間の株式の値上がり益に相当するものであり、一般的には、新株予約権の付与は何らかの見返りを期待して行われるものであるとともに、被付与者においては株価の変動状況等をみて権利行使をするか否かの決定を行うものであることから、臨時・偶発的な所得とは認められない[7]。

　また、本通達の(2)は、発行法人から有利な払込金額でその株式を取得する権利（注）で譲渡制限等が付されているものを与えられた場合のその権利の行使による株式の取得に係る所得区分は、 表2 の通りである旨定めている。ただし、上記の権利を株主等として与えられた場合（その発行法人の他の株主等に損害を及ぼすおそれがないと認められる場合に限る。）は、所得税の課税関係は生じないこととされている。

　（注）　①旧商法第280条ノ21第1項の決議に基づき発行された新株予約権で譲渡制限等が

5）　三又修ほか『所得税基本通達逐条解説』282頁（大蔵財務協会、2017）

6）　三又ほか・前掲注5）282頁

7）　三又ほか・前掲注5）283頁

付されているもの及び②会社法第238条第2項の決議等に基づき発行された新株予約権で譲渡制限等が付されているもの（特に有利な条件若しくは金額であるもの又は役務の提供等による対価の全部若しくは一部であるものに限る。）を除く。

表2

①	その発行法人の役員又は使用人に対しその地位又は職務等に関連して株式を取得する権利が与えられたと認められる場合	給与所得
②	その発行法人の役員又は使用人の退職に基因して株式を取得する権利が与えられたと認められる場合	退職所得
③	上記①及び②以外の場合	一時所得

　なお、同族会社において、旧株主と新株引受人が親族等の関係にある場合には、贈与税の課税関係が生じることがある。相続税法基本通達9-4の逐条解説は、次の通り述べている。

　「募集株式引受権の付与が旧株主に平等に行われなかった場合又は失権株に係る募集株式引受権の再付与があった場合におけるその募集株式引受権の利益に対する課税関係は、次のように分類される。

　①　給与所得又は退職所得として所得税の課税対象とされるもの……旧株主と新株主又は自己株式を引き受けた者とが親族等の関係にあるかどうか、また、発行会社が同族会社であるかどうかに関係なくその募集株式引受権の利益を給与所得又は退職所得として与えられた場合。

　②　贈与により取得したものとして贈与税の課税対象とされるもの……①に該当しない場合で、旧株主と新株主又は自己株式を引き受けた者が親族等の関係にあり、かつ、その発行会社が同族会社であるとき。

　③　一時所得として課税されるもの……①及び②のいずれにも該当しない場合[8]」

8）　野原誠『平成27年版　相続税法基本通達逐条解説』147頁（大蔵財務協会、2015）

関 係 法 令 等

（同族会社の募集株式引受権）

相続税法基本通達 9-4

　同族会社が新株の発行（当該同族会社の有する自己株式の処分を含む。以下
9-7までにおいて同じ。）をする場合において、当該新株に係る引受権（以下
9-5までにおいて「募集株式引受権」という。）の全部又は一部が会社法（平
成17年法律第86号）第206条各号《募集株式の引受け》に掲げる者（当該同族会
社の株主の親族等（親族その他法施行令第31条に定める特別の関係がある者を
いう。以下同じ。）に限る。）に与えられ、当該募集株式引受権に基づき新株を
取得したときは、原則として、当該株主の親族等が、当該募集株式引受権を当
該株主から贈与によって取得したものとして取り扱うものとする。ただし、当
該募集株式引受権が給与所得又は退職所得として所得税の課税対象となる場合
を除くものとする。

参考

　所得税基本通達23〜35共-6(3)は、発行法人と権利を与えられた者との関
係によって所得区分を判定していることから、有利発行がなされた場合に、資
産価値が、発行法人から引受人に移転すると見ているもの（発行会社説）と解
される[9]。

　一方、相続税法基本通達9-4は、有利発行がなされた場合に、資産価値
が、引受人以外の既存株主から引受人に対して移転すると見ているもの（既存
株主説）と解される。

9）　上田正勝「有利発行有価証券に係る受贈益を得た個人に対する課税関係」税大論叢92号394頁
　（2019）

株式等を取得する権利を与えられた場合の所得の収入すべき時期

発行法人から所得税法施行令第84条第3項各号に掲げる権利を与えられた場合のその権利に係る所得の収入すべき時期について、所得税基本通達23〜35共‐6の2は、次の通り定めている。

（株式等を取得する権利を与えられた場合の所得の収入すべき時期）
所得税基本通達23〜35共‐6の2

　発行法人から令第84条第3項各号に掲げる権利を与えられた場合の当該権利に係る所得の収入金額の収入すべき時期は、当該権利の行使により取得した株式の取得についての申込みをした日（同項第3号に掲げる権利を与えられた者がこれを行使した場合において、当該権利に係る株式の取得についての申込みをした日が明らかでないときは、当該株式についての申込期限の日）による。

（注）　株式を取得する権利を与えられた者が当該株式の取得について申込みをしなかったこと若しくはその申込みを取り消したこと又は払込みをしなかったことにより失権した場合には、課税しない。

本通達は、発行法人から①旧商法第280条ノ21第1項の決議に基づき発行された新株予約権で譲渡制限等が付されているもの、②会社法第238条第2項の決議等に基づき発行された新株予約権で譲渡制限等が付されているもの（募集新株予約権の引受人に特に有利な条件若しくは金額であるもの又は役務の提供等による対価の全部若しくは一部であるものに限る。）又は③有利な払込金額でその株式を取得する権利（上記①及び②の新株予約権を除く。）で譲渡制限等が付されているものを与えられた場合のその権利に係る所得の収入金額の収入すべき時期は、株式の取得についての申込みをした日（上記③の権利にあっては、当該日が明らかでないときは、その株式についての申込期限）による旨定めている。ただし、被付与者が株式の取得について申込みをしなかったこと等により失権した場合には、所得税の課税関係は生じないこととされている。

有利発行に係る「判定の時価」

　所得税法施行令第84条第3項第3号にいう「株式と引換えに払い込むべき額が有利な金額である場合」について、所得税基本通達23～35共－7は、次の通り定めている。

（株式と引換えに払い込むべき額が有利な金額である場合）
所得税基本通達23～35共－7

　令第84条第3項第3号に規定する「株式と引換えに払い込むべき額が有利な金額である場合」とは、その株式と引換えに払い込むべき額を決定する日の現況におけるその発行法人の株式の価額に比して社会通念上相当と認められる価額を下る金額である場合をいうものとする。

（注）1　社会通念上相当と認められる価額を下る金額であるかどうかは、当該株式の価額と当該株式と引換えに払い込むべき額との差額が当該株式の価額のおおむね10％相当額以上であるかどうかにより判定する。

　　　2　株式と引換えに払い込むべき額を決定する日の現況における株式の価額とは、決定日の価額のみをいうのではなく、決定日前1月間の平均株価等、当該株式と引換えに払い込むべき額を決定するための基礎として相当と認められる価額をいう。

　本通達は、有利発行かどうかを判定する際の「株式と引換えに払い込むべき額が有利な金額である場合」とは、その株式と引換えに払い込むべき額を決定する日の現況におけるその発行法人の株式の価額に比して社会通念上相当と認められる価額を下る金額である場合をいう旨定めている。この「株式と引換えに払い込むべき額を決定する日の現況におけるその発行法人の株式の価額」とは、決定日の価額のみをいうのではなく、決定日前1月間の平均株価等、その株式と引換えに払い込むべき額を決定するための基礎として相当と認められる価額をいうこととされている。また、「社会通念上相当と認められる価額を下る金額である」かどうかは、その株式の価額とその株式と引換えに払い込むべき額との差額がその株式の価額のおおむね10％相当額以上であるかどうかにより判定することとされている。これは、株式の証券取引所への新規上場の場合

における株式の価額の決定方法等をも考慮し、具体的に示したものである[10]。

関 係 法 令 等

第三者割当増資の取扱いに関する指針

平成22年4月1日
日本証券業協会

1．会員は、上場銘柄の発行会社（外国会社を除く。）が我が国において第三者割当（企業内容等の開示に関する内閣府令第19条第2項第1号ヲに規定する方法をいう。）により株式の発行（自己株式の処分を含む。以下同じ。）を行う場合には、当該発行会社に対して、次に定める内容に沿って行われるよう要請する。

　(1)　払込金額は、株式の発行に係る取締役会決議の直前日の価額（直前日における売買がない場合は、当該直前日からさかのぼった直近日の価額）に0.9を乗じた額以上の価額であること。ただし、直近日又は直前日までの価額又は売買高の状況等を勘案し、当該決議の日から払込金額を決定するために適当な期間（最長6か月）をさかのぼった日から当該決議の直前日までの間の平均の価額に0.9を乗じた額以上の価額とすることができる。

　(2)　株式の発行が会社法に基づき株主総会の特別決議を経て行われる場合は、本指針の適用は受けない。

2．（略）

---

10)　三又ほか・前掲注5）284頁

5 　**株主等として与えられた場合**

　所得税法施行令第84条第3項柱書かっこ書にいう「株主等として与えられた場合（当該発行法人の他の株主等に損害を及ぼすおそれがないと認められる場合に限る。）」について、所得税基本通達23〜35共‐8は、次の通り定めている。

（株主等として与えられた場合）
所得税基本通達23〜35共‐8
　令第84条第3項に規定する「株主等として与えられた場合（当該発行法人の他の株主等に損害を及ぼすおそれがないと認められる場合に限る。）」とは、同項に規定する権利が株主等のその有する株式の内容及び数に応じて平等に与えられ、かつ、その株主等とその内容の異なる株式を有する株主等との間においても経済的な衡平が維持される場合をいうことに留意する。
　（注）　例えば、他の株主等に損害を及ぼすおそれがないと認められる場合に該当するか否かの判定については、新株予約権無償割当てにつき会社法第322条の種類株主総会の決議があったか否かのみをもって判定するのではなく、その発行法人の各種類の株式の内容、当該新株予約権無償割当ての状況などを総合的に勘案して判断する必要があることに留意する。

　本通達は、所得税法施行令第84条第3項柱書かっこ書にいう「株主等として与えられた場合（当該発行法人の他の株主等に損害を及ぼすおそれがないと認められる場合に限る。）」とは、株主平等原則（会109①）により平等に与えられ、かつ、他の種類株主等との間においても経済的な衡平が維持される場合をいう旨定めている。

　例えば、2以上の種類の株式を発行する会社において、ある種類の株式を有する株主のみに対し新株の有利発行又は無償交付が行われ、他の種類の株式について転換割合の調整事項がないことなどの理由により他の種類の株式の価値が低下するときなどは、ここでいう「当該発行法人の他の株主等に損害を及ぼすおそれがないと認められる場合」に該当しないものと考えられる。他方で、会社法第277条に規定する新株予約権無償割当てが行われた場合において、そ

の種類の株式と異なる種類の株式に他の種類の株式への転換条件の変更条項があるなど、各種類株主間の衡平を図るために必要な措置がなされるものについては「当該発行法人の他の株主等に損害を及ぼすおそれがないと認められる場合」に該当するものと考えられる[11]。

> ### 🔍 参考
>
> 　岡村教授は、「通達……は、『会社法の規定による種類株主総会の決議があったか否かのみによるのではなく、その発行法人の各種類の株式の内容、無償割当の内容等を総合的に勘案して判定する必要があることに留意する。』としている。この前提にあると考えられるのは、法的に種類株主総会の決議が必要とされる場合と、実際に決議がなされる場合とが、必ずしも一致しないことである。たとえば、ある株式発行に『損害を及ぼすおそれ』があるか否かを判断することが困難であるため、予防的に決議を経ることもあり得る。このため、通達は種類株主総会の決議の有無のみでは判断をしないとしたものと考えられる。したがって、通達は、『損害を及ぼすおそれ』を借用概念とする考え方と整合的に理解することが可能である[12]」と述べておられる。

---

11)　三又ほか・前掲注5）285頁
12)　岡村ほか・前掲注3）259頁

株式等を取得する権利の行使により取得した株式の価額

　所得税法施行令第84条第3項柱書にいう「当該権利の行使により取得した株式のその行使の日（第3号に掲げる権利にあっては、当該権利に基づく払込み又は給付の期日（払込み又は給付の期間の定めがある場合には、当該払込み又は給付をした日））における価額」について、所得税基本通達23～35共－9は、次の通り定めている。

（株式等を取得する権利の価額）
所得税基本通達23～35共－9
　　令第84条第3項第1号及び第2号に掲げる権利の行使の日又は同項第3号に掲げる権利に基づく払込み若しくは給付の期日（払込み又は給付の期間の定めがある場合には、当該払込み又は給付をした日。以下この項において「権利行使日等」という。）における同条第3項本文の株式の価額は、次に掲げる場合に応じ、それぞれ次による。
　⑴　これらの権利の行使により取得する株式が金融商品取引所に上場されている場合
　　　当該株式につき金融商品取引法第130条の規定により公表された最終の価格（同日に最終の価格がない場合には、同日前の同日に最も近い日における最終の価格とし、2以上の金融商品取引所に同一の区分に属する最終の価格がある場合には、当該価格が最も高い金融商品取引所の価格とする。以下この項において同じ。）とする。
　⑵　これらの権利の行使により取得する株式に係る旧株が金融商品取引所に上場されている場合において、当該株式が上場されていないとき
　　　当該旧株の最終の価格を基準として当該株式につき合理的に計算した価額とする。
　⑶　⑴の株式及び⑵の旧株が金融商品取引所に上場されていない場合において、当該株式又は当該旧株につき気配相場の価格があるとき
　　　⑴又は⑵の最終の価格を気配相場の価格と読み替えて⑴又は⑵により求めた価額とする。

---

(4)　(1)から(3)までに掲げる場合以外の場合

　　次に掲げる区分に応じ、それぞれ次に定める価額とする。

　イ　売買実例のあるもの

　　　最近において売買の行われたもののうち適正と認められる価額

　ロ　公開途上にある株式で、当該株式の上場又は登録に際して株式の公募
　　又は売出し（以下この項において「公募等」という。）が行われるもの
　　（イに該当するものを除く。）

　　　金融商品取引所又は日本証券業協会の内規によって行われるブックビ
　　ルディング方式又は競争入札方式のいずれかの方式により決定される公
　　募等の価格等を参酌して通常取引されると認められる価額

　　（注）　公開途上にある株式とは、金融商品取引所が株式の上場を承認したこと
　　　　を明らかにした日から上場の日の前日までのその株式及び日本証券業協会
　　　　が株式を登録銘柄として登録することを明らかにした日から登録の日の前
　　　　日までのその株式をいう。

　ハ　売買実例のないものでその株式の発行法人と事業の種類、規模、収益
　　の状況等が類似する他の法人の株式の価額があるもの

　　　当該価額に比準して推定した価額

　ニ　イからハまでに該当しないもの

　　　権利行使日等又は権利行使日等に最も近い日におけるその株式の発行
　　法人の1株又は1口当たりの純資産価額等を参酌して通常取引されると
　　認められる価額

　　（注）　この取扱いは、令第354条第2項《新株予約権の行使に関する調書》に規
　　　　定する「当該新株予約権を発行又は割当てをした株式会社の株式の1株当
　　　　たりの価額」について準用する。

　発行法人から株式を取得する権利で譲渡制限等が付されているものを与えら
れた場合における経済的利益の額（所法36②）は、その権利の区分に応じ、そ
の権利の行使により取得した株式の権利行使日又は払込期日等における価額か
ら各権利の取得価額にその行使に際し払い込むべき額を加算した金額を控除し
た金額とされているところ、本通達は、この「権利行使日又は払込期日等にお
ける価額」は、本通達の(1)ないし(4)に掲げる場合に応じ、**表3** の通りである
旨定めている。

表3			
	①	その株式が金融商品取引所に上場されている場合	その株式につき金融商品取引法第130条の規定により公表された最終の価格（注1）
	②	その株式に係る旧株が金融商品取引所に上場されている場合において、その株式が上場されていないとき	その旧株の最終の価格（注1）を基準としてその株式につき合理的に計算した価額
	③	①の株式及び②の旧株が金融商品取引所に上場されていない場合において、その株式又はその旧株につき気配相場の価格があるとき	①又は②の「最終の価格」を「気配相場の価格」と読み替えて①又は②により求めた価額
①〜③以外	イ	売買実例のあるもの	最近において売買の行われたもののうち適正と認められる価額
	ロ	公開途上にある株式（注2）で、その株式の上場又は登録に際して株式の公募等が行われるもの（イに該当するものを除く。）	金融商品取引所又は日本証券業協会の内規によって行われるブックビルディング方式又は競争入札方式のいずれかの方式により決定される公募等の価格等を参酌して通常取引されると認められる価額
	ハ	売買実例のないもので発行法人と事業の種類、規模、収益の状況等が類似する他の法人の株式の価額があるもの	その価額に比準して推定した価額
	ニ	イ〜ハに該当しないもの	権利行使日等又はこれに最も近い日における発行法人の1株当たりの純資産価額等を参酌して通常取引されると認められる価額

（注1）　権利行使日や払込み又は給付の期日に最終の価格がない場合には、同日前の同日に最も近い日における最終の価格とし、2以上の金融商品取引所に同一の区分に属する最終の価格がある場合には、当該価格が最も高い金融商品取引所の価格とする。

（注2）　金融商品取引所が株式の上場を承認したことを明らかにした日から上場の日の前日までのその株式及び日本証券業協会が株式を登録銘柄として登録することを明らかにした日から登録の日の前日までのその株式をいう。

有価証券の取得価額

　所得税法施行令第109条は、有価証券の取得価額について、次の通り規定している。

（有価証券の取得価額）

所得税法施行令第109条

1　第105条第1項（有価証券の評価の方法）の規定による有価証券の評価額の計算の基礎となる有価証券の取得価額は、別段の定めがあるものを除き、次の各号に掲げる有価証券の区分に応じ当該各号に定める金額とする。

　一　金銭の払込みにより取得した有価証券（第3号に該当するものを除く。）

　　　その払込みをした金銭の額（新株予約権（投資信託及び投資法人に関する法律第2条第17項（定義）に規定する新投資口予約権を含む。以下この号及び第4号において同じ。）の行使により取得した有価証券にあっては当該新株予約権の取得価額を含むものとし、その金銭の払込みによる取得のために要した費用がある場合には、その費用の額を加算した金額）

　二　第84条第1項（譲渡制限付株式の価額等）に規定する特定譲渡制限付株式又は承継譲渡制限付株式

　　　その特定譲渡制限付株式又は承継譲渡制限付株式の同項に規定する譲渡についての制限が解除された日（同日前に同項の個人が死亡した場合において、当該個人の死亡の時に同条第2項第2号に規定する事由に該当しないことが確定している当該特定譲渡制限付株式又は承継譲渡制限付株式については、当該個人の死亡の日）における価額

　三　発行法人から与えられた第84条第3項の規定に該当する場合における同項各号に掲げる権利の行使により取得した有価証券

　　　その有価証券のその権利の行使の日（同項第3号に掲げる権利の行使により取得した有価証券にあっては、当該権利に基づく払込み又は給付の期日（払込み又は給付の期間の定めがある場合には、当該払込み又は給付をした日））における価額

　四　発行法人に対し新たな払込み又は給付を要しないで取得した当該発行法人の株式（出資及び投資口（投資信託及び投資法人に関する法律第2条第14項に規定する投資口をいう。次条第1項において同じ。）を含む。以下こ

の目において同じ。）又は新株予約権のうち、当該発行法人の株主等として
与えられる場合（当該発行法人の他の株主等に損害を及ぼすおそれがない
と認められる場合に限る。）の当該株式又は新株予約権

　　　零
　五　購入した有価証券（第3号に該当するものを除く。）
　　　その購入の代価（購入手数料その他その有価証券の購入のために要した
　　費用がある場合には、その費用の額を加算した金額）
　六　前各号に掲げる有価証券以外の有価証券
　　　その取得の時におけるその有価証券の取得のために通常要する価額
　2　（略）

　本条第1項は、有価証券の取得価額は、同項第1号ないし第6号に掲げる有
価証券の区分に応じ、原則として、　**表4**　の通りである旨規定している。

表4

①	金銭の払込み（注1）により取得した有価証券（③に該当するものを除く。）		払込金額（注2）に取得のために要した費用の額を加算した金額
②	特定譲渡制限付株式又は承継譲渡制限付株式（所法84①）		譲渡制限が解除された日（注3）における価額
③	イ	旧商法第280条ノ21第1項の決議に基づき発行された新株予約権で譲渡制限等が付されているものの行使により取得した株式（注4・5）	権利行使日における価額（注6・7）
	ロ	会社法第238条第2項の決議等に基づき発行された新株予約権で譲渡制限等が付されているもの（募集新株予約権の引受人に特に有利な条件若しくは金額であるもの又は役務の提供等による対価の全部若しくは一部であるものに限る。）の行使により取得した株式（注4・5）	権利行使日における価額（注6・7）
	ハ	株式と引換えに払い込むべき額が有利な金額である場合におけるその株式を取得する権利で譲渡制限等が付されているもの（イ及びロを除く。）の行使により取得した株式（注4）	払込期日等における価額（注6・7）

④	発行法人に対し新たな払込み又は給付を要しないで取得した株式又は新株予約権のうち、発行法人の株主等として与えられる場合（他の株主等に損害を及ぼすおそれがないと認められる場合に限る。）の株式又は新株予約権（注8）	零
⑤	購入した有価証券（③に該当するものを除く。）	購入代価に購入手数料その他その有価証券の購入のために要した費用を加算した金額（注9）
⑥	①～⑤以外の有価証券（注10）	その取得の時におけるその取得のために通常要する価額

（注1） 金銭の払込みでなく、現物出資によって取得した株式の取得価額については、その現物出資した資産の価額を適正に評価し、その価額をもって取得価額とすることになる[13]。

（注2） 新株予約権の行使により取得した有価証券にあっては新株予約権の取得価額を含む。

（注3） 個人が役務の提供の対価として特定譲渡制限付株式の交付を受け、又は合併・分割型分割に際し承継譲渡制限付株式の交付を受けたときにおける当該特定譲渡制限付株式又は承継譲渡制限付株式に係る経済的利益の額（所法36②）は、当該特定譲渡制限付株式又は承継譲渡制限付株式の譲渡についての制限が解除された日における価額とすることとされている（所令84①）。

（注4） 株主等として与えられた場合（当該発行法人の他の株主等に損害を及ぼすおそれがないと認められる場合に限る。）を除く。

（注5） 租税特別措置法第29条の2《特定の取締役等が受ける新株予約権の行使による株式の取得に係る経済的利益の非課税等》第1項本文の規定の適用を受けて取得したものを除く（措令19の3㉑）。

（注6） 所得税基本通達23～35共-9《株式等を取得する権利の価額》により求めた価額とすることとされている（所通48-2）。

（注7） これは、取得価額を時価とすることによって、旧株の含み益が未実現のまま株式等の取得者に移転することを防ぎ、新株主・出資者に受贈益として課税しようとする趣旨である[14]。

（注8） 「発行法人に対し新たな払込み又は給付を要しないで……」とは、具体的には、株式無償割当て（会185）又は新株予約権無償割当て（会277）により株式又は新株予約権を取得する場合が該当する。また、「株主等として与えられる場合……」に該当しない株式無償割当てや新株予約権無償割当てについては、その取得する株式又は新株予約権の取得価額は零ではなく、上記⑥の「その取得のために通常要する価額」となる[15]。

---

13) 武田・前掲注2）3686頁～
14) 武田・前掲注2）3686頁～

（注9）　「その他その有価証券の購入のために要した費用」とは、有価証券を購入するに当たって支出した謝礼金、交通費、通信費、名義書換料等をいう（所通48-3）。

（注10）　贈与、相続又は遺贈（所令109②一）、低額譲受け（所令109②二）、株式の分割又は併合（所令110）、株主割当て（所令111）、合併（所令112）、分割（所令113）等により取得した株式の取得価額については、別段の定めがある。

表4 の③のハが、有利発行課税に関する取扱いである。すなわち、発行法人から有利な条件で株式を取得する権利（所令84③三）を与えられた場合には、その権利の行使により取得した有価証券の取得価額は、所得税基本通達23〜35共-9《株式等を取得する権利の価額》により求めた価額とし（所通48-2）、その価額からその権利の取得価額にその行使に際し払い込むべき額を加算した金額を控除した金額を、所得税法第36条《収入金額》第2項の価額とすることによって、旧株の含み益が新株主において受贈益として課税されることになる。

15）　武田・前掲注2）3686頁〜

第4章

有利発行に係る相続税法の規定

1 みなし贈与

相続税法第9条は、次の通り規定している。

（贈与又は遺贈により取得したものとみなす場合）

相続税法第9条

　第5条から前条まで及び次節に規定する場合を除くほか、対価を支払わないで、又は著しく低い価額の対価で利益を受けた場合においては、当該利益を受けた時において、当該利益を受けた者が、当該利益を受けた時における当該利益の価額に相当する金額（対価の支払があった場合には、その価額を控除した金額）を当該利益を受けさせた者から贈与（当該行為が遺言によりなされた場合には、遺贈）により取得したものとみなす。ただし、当該行為が、当該利益を受ける者が資力を喪失して債務を弁済することが困難である場合において、その者の扶養義務者から当該債務の弁済に充てるためになされたものであるときは、その贈与又は遺贈により取得したものとみなされた金額のうちその債務を弁済することが困難である部分の金額については、この限りでない。

　法律的には、贈与によって取得した財産とはいえないが、贈与によって取得した財産と実質を同じくするため、公平負担の見地から、贈与によって取得したものとみなされ、贈与税の対象とされている財産又は権利（経済的利益を含

む。）がある[1]。これを「みなし贈与財産」という。具体的には、保険金（相法5）、定期金（相法6）、低額譲受けによる利益（相法7）、債務免除等による利益（相法8）、その他の利益（本条）、信託受益権（相法9の2～9の6）について、贈与により取得したものとみなす旨の規定が設けられている。

　なお、低額譲受けによる利益（相法7）、債務免除等による利益（相法8）及びその他の利益（本条）については、利益を受ける者が資力を喪失して債務を弁済することが困難である場合において、その者の扶養義務者から当該債務の弁済に充てるためになされたものであるとき等について例外措置が講じられている。

　本条の趣旨について述べた例として、大阪高裁平成26年6月18日判決がある。

大阪高判平26・6・18

　相続税法第9条本文は、同法第5条から第8条まで及び第9条の2から第9条の6までの規定によって贈与又は遺贈により取得したものとみなされる場合を除くほか、対価を支払わないで又は著しく低い価額の対価で利益を受けた者がいる場合に、その利益を受けた時におけるその利益の価額に相当する金額を、その利益を受けさせた者から贈与又は遺贈により取得したものとみなして、贈与税又は相続税を課税することとした規定であるところ、その趣旨は、法律的には贈与又は遺贈によって財産を取得したものとはいえないが、そのような法律関係の形式とは別に、実質的にみて、贈与又は遺贈を受けたのと同様の経済的利益を享受している事実がある場合に、租税回避行為を防止するため、税負担の公平の見地から、贈与契約又は遺言の有無にかかわらず、その取得した経済的利益を、その利益を受けさせた者からの贈与又は遺贈によって取得したものとみなして、贈与税又は相続税を課税することとしたものと解される。

1）　金子宏『租税法　第23版』706頁（弘文堂、2019）

株式又は出資の価額が増加した場合

相続税法基本通達9-2は、次の通り定めている。

（株式又は出資の価額が増加した場合）
相続税法基本通達9-2

　同族会社（法人税法（昭和40年法律第34号）第2条第10号に規定する同族会社をいう。以下同じ。）の株式又は出資の価額が、例えば、次に掲げる場合に該当して増加したときにおいては、その株主又は社員が当該株式又は出資の価額のうち増加した部分に相当する金額を、それぞれ次に掲げる者から贈与によって取得したものとして取り扱うものとする。この場合における贈与による財産の取得の時期は、財産の提供があった時、債務の免除があった時又は財産の譲渡があった時によるものとする。

　(1)　会社に対し無償で財産の提供があった場合
　　　当該財産を提供した者
　(2)　時価より著しく低い価額で現物出資があった場合
　　　当該現物出資をした者
　(3)　対価を受けないで会社の債務の免除、引受け又は弁済があった場合
　　　当該債務を免除、引受け又は弁済をした者
　(4)　会社に対し時価より著しく低い価額の対価で財産の譲渡をした場合
　　　当該財産の譲渡をした者

　本通達は、同族会社の株式又は出資の価額が、例えば、①会社に対する無償での財産の提供、②時価より著しく低い価額での現物出資、③無対価での会社の債務の免除、引受け又は弁済、④会社に対する時価より著しく低い価額での財産の譲渡により増加した場合には、その株主又は社員が、その株式又は出資の価額のうち増加した部分に相当する金額を、それぞれ①財産提供者、②現物出資者、③債務免除等をした者、④財産の譲渡者から贈与によって取得したものとして取り扱う旨定めている。また、この場合における贈与による財産の取得の時期は、財産の提供があった時、債務の免除があった時又は財産の譲渡が

あった時によることとされている。

　本通達の(2)は、その出資財産の価額の圧縮が他の財産の出資者と同じである場合、例えば、甲はＡ財産（10,000千円）を出資して額面1,000千円の株式を取得し、乙はＢ財産（20,000千円）を出資して額面2,000千円の株式を取得した場合には、各出資者ともその出資した財産の価額に応じて株式を取得しているので、甲乙間で贈与税の課税関係は生じないが、前記の例において、出資した財産の価額が異なるにもかかわらず、甲が額面1,000千円の株式を取得し、乙も額面1,000千円の株式を取得した場合などで、甲は乙から利益を受けたものとして取り扱われるというものである[2]。

　本通達について、永野税理士及び菅原国税庁課税部審理室課長補佐（当時）は、「この財産の無償提供等によって直接利益を受けるのは会社（法人）であり、その結果として株式の価額が増加したとしてもそれは株主の受ける間接的な利益ですから、形式的には個人から個人に対する贈与ではありません。しかし、これについて全く贈与税の課税が行われないとすれば、会社というワンクッションを置いた相続税の課税回避が図られるおそれがあります。……そこで、上記の取扱いが定められているわけですが、そのようなことが意図的に行われるのは同族会社に多いことから、取扱いにおいてもその対象を同族会社に絞っています。また、利益を受けさせる行為も、個人対個人の贈与とされる範囲、つまり、同族会社に対する財産の無償提供（贈与）や低額譲渡など個人間であれば相続税法の規定により贈与とみなされる範囲とされています[3]」と述

2）　野原誠『平成27年版　相続税法基本通達逐条解説』143頁（大蔵財務協会、2015）
3）　永野重知・菅原恒夫『相続税通達100問100答』119頁（ぎょうせい、1994）

べておられる。

　なお、本通達の(4)と同じ考え方を示した例として、大阪地裁昭和53年5月11日判決がある。

大阪地判昭53・5・11 ▬▬▬▬▬▬▬▬▬▬▬▬▬▬▬▬

(事案の概要)

① 　A社は、B社の代表取締役P2に万一の事態が生じた場合に相続をめぐってP2一族の間で紛争が発生することを防止し、P2の孫であり養子でもあるP1が将来におけるB社の経営権を掌握することを目的として設立されたものであり、その発行済株式総数800株中730株をP1が所有し、その余の株式についてもP2一族が全てを所有している。

② 　B社は、発行済株式総数16,000株のうち、P2一族が15,646株を保有し、役員もほとんどP2一族の関係者で占められている同族会社である。

③ 　A社がP2から同人の所有するB社の株式（以下、「本件株式」という。）を時価に比し低い価額で譲り受けた結果、譲受価額と時価との差額に相当する金額がA社の隠れた資産となり、同社の純資産額が増加した。

④ 　A社の株式は純資産増加分だけ価値を増し、したがってA社の株主は株式の持分数に応じその保有する株式が価値を増したことによる財産上の利益を享受した。

⑤ 　P1もA社の発行済株式総数800株中730株を所有する株主として、A社の純資産が増加したことに伴い、所有株式の割合に応じた財産上の利益を享受した。

(判決の要旨)

　本件株式の譲渡がP2からP1に対しB社の経営支配権を移転することを目的としており、上記譲渡によりA社の大半（800分の730）の株式を所有するP1は、B社の株式を間接的に所有する結果となったことに照らすと、P1が財産上の利益を得たと認められる限度においてP2からP1に対し贈与があったものとみなすのが相当である。

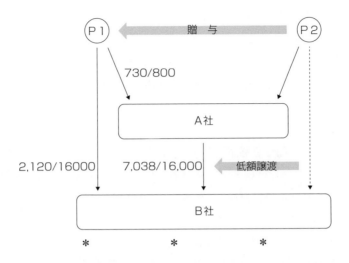

また、相続税法基本通達9‐3は、次の通り定めている。

（会社が資力を喪失した場合における私財提供等）
相続税法基本通達9‐3
　同族会社の取締役、業務を執行する社員その他の者が、その会社が資力を喪失した場合において9‐2の(1)から(4)までに掲げる行為をしたときは、それらの行為によりその会社が受けた利益に相当する金額のうち、その会社の債務超過額に相当する部分の金額については、9‐2にかかわらず、贈与によって取得したものとして取り扱わないものとする。
　なお、会社が資力を喪失した場合とは、法令に基づく会社更生、再生計画認可の決定、会社の整理等の決定手続による整理のほか、株主総会の決議、債権者集会の協議等により再建整備のために負債整理に入ったような場合をいうのであって、単に一時的に債務超過となっている場合は、これに該当しないのであるから留意する。

　本通達は、同族会社の取締役、業務を執行する社員その他の者が、資力を喪失したその同族会社に対して相続税法基本通達9‐2の(1)から(4)までに掲げる行為をした場合は、それらの行為によりその同族会社が受けた利益に相当する金額のうち、その同族会社の債務超過額に相当する部分の金額については、贈

与によって取得したものとして取り扱わない旨定めている。

　例えば、現物出資の場合において、甲は A 財産（10,000千円）を出資して額面1,000千円の株式を取得し、乙は B 財産（20,000千円）を出資して額面1,000千円の株式を取得した場合であっても、その株式の発行会社の債務超過額に相当する部分の金額については、甲は乙から利益を受けたものとして取り扱われないことになる。

　これは、財産の贈与を意図するものではなく、会社の再建策として行われること、また、債務超過額の範囲内の利益の供与であればマイナス財産が減少したにすぎず、株式の価額が純資産価額として増加したことにならないことが考慮されたものである[4]。

　また、本通達は、財産の無償提供や債務の免除の行為者を「同族会社の取締役、業務を執行する社員その他の者」と、個人に限定している。

　これは、贈与税は、個人から個人に対する財産の贈与について課税するのが原則であるところ、例外的に、「個人→同族会社→個人」というケースについては、間接的ではあるが、実質的には同族会社を迂回した個人から個人に対する贈与として取り扱うことになっていることから、財産の無償提供や債務の免除をする者は、個人であることを要件としているものである[5]。

　なお、会社が資力を喪失した場合とは、法令に基づく会社更生、再生計画認可の決定、会社の整理等の決定手続による整理のほか、株主総会の決議、債権者集会の協議等により再建整備のために負債整理に入ったような場合をいうこととされている。

---

4)　永野ほか・前掲注 3 ）120頁
5)　永野ほか・前掲注 3 ）124頁

③ 同族会社の新株の発行

相続税法基本通達9-4は、次の通り定めている。

（同族会社の募集株式引受権）
相続税法基本通達9-4

　同族会社が新株の発行（当該同族会社の有する自己株式の処分を含む。以下9-7までにおいて同じ。）をする場合において、当該新株に係る引受権（以下9-5までにおいて「募集株式引受権」という。）の全部又は一部が会社法（平成17年法律第86号）第206条各号《募集株式の引受け》に掲げる者（当該同族会社の株主の親族等（親族その他法施行令第31条に定める特別の関係がある者をいう。以下同じ。）に限る。）に与えられ、当該募集株式引受権に基づき新株を取得したときは、原則として、当該株主の親族等が、当該募集株式引受権を当該株主から贈与によって取得したものとして取り扱うものとする。ただし、当該募集株式引受権が給与所得又は退職所得として所得税の課税対象となる場合を除くものとする。

　本通達は、同族会社が新株の発行（その同族会社の有する自己株式の処分を含む。）をする場合において、その新株に係る引受権（以下「募集株式引受権」という。）の全部又は一部がその同族会社の株主の親族等に与えられ、その募集株式引受権に基づき新株を取得したときは、原則として、その株主の親族等が、その募集株式引受権をその株主から贈与によって取得したものとして取り扱う旨定めている。ただし、その募集株式引受権が給与所得又は退職所得として所得税の課税対象となる場合は除くこととされている。

　同族会社の場合は、会社の構成が同族関係者で占められていることから、募集株式引受権の割当てを自由に行うことによって、実質的な財産移動を図ることができるので、これを課税しようという趣旨であるといえ[6]、本通達は、相続税法基本通達9-2とは異なり、贈与を受けたとみなされる者を株主の親族

6）　橋本守次『平成27年1月改訂　ゼミナール相続税法』525頁（大蔵財務協会、2015）

等に限定している。

　なお、本通達の対象となる「株主の親族等」とは、①株主の親族、②株主と婚姻の届出をしていないが事実上婚姻関係と同様の事情にある者及びその者の親族でその者と生計を一にしているもの、③株主たる個人の使用人及び使用人以外の者でその個人から受ける金銭その他の財産によって生計を維持しているもの並びにこれらの者の親族でこれらの者と生計を一にしているものをいう（相令31①）。

関 係 法 令 等

> **（親族の範囲）**
> **民法第725条**
> 　次に掲げる者は、親族とする。
> 　一　6親等内の血族
> 　二　配偶者
> 　三　3親等内の姻族

　本通達の逐条解説は、次の通り述べている。

　「例えば、現在、その会社の時価による純資産の価額が1株当たり500円である場合において、新株の発行価額を50円とし、倍額増資をした場合には、理論的にはその株式の価額は（500＋50）÷2＝275円となるから、その新株を株主以外の者が引き受けたとすれば、新株主の株式には225円（275円－払込金額50円）が移行し50円の払込みにより275円の株式を取得したことになったと考えられる。この新株の発行は法人の行為として行われるものであるが、同族会社の場合にあっては、その募集株式引受権の利益が給与所得又は退職所得として所得税の課税対象となるものを除き、その旧株主と新株主とが親族等の関係にあるときは、その含み益の移行について、個人間の贈与（利益を受けさせ、利益を受けたという関係）があったものとして取り扱うというものである。

　したがって、この募集株式引受権の付与が旧株主に平等に行われなかった場合又は失権株に係る募集株式引受権の再付与があった場合におけるその募集株式引受権の利益に対する課税関係は、次のように分類される。

① 給与所得又は退職所得として所得税の課税対象とされるもの……旧株主と新株主又は自己株式を引き受けた者とが親族等の関係にあるかどうか、また、発行会社が同族会社であるかどうかに関係なくその募集株式引受権の利益を給与所得又は退職所得として与えられた場合。

② 贈与により取得したものとして贈与税の課税対象とされるもの……①に該当しない場合で、旧株主と新株又は自己株式を引き受けた者が親族等の関係にあり、かつ、その発行会社が同族会社であるとき。

③ 一時所得として課税されるもの……①及び②のいずれにも該当しない場合[7)]」

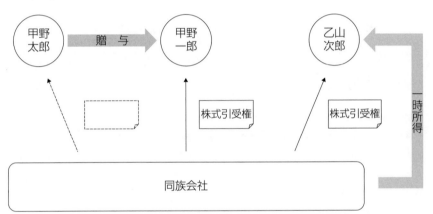

(注) 1 甲野太郎、甲野一郎（甲野太郎の子）及び乙山次郎は、同族会社の株主である。
　　 2 募集株式引受権が、甲野一郎及び乙山次郎に与えられたが、これらはいずれも、給与所得又は退職所得として与えられたものではない。

🔍 参考

1 本通達は、有利発行がなされた場合に、資産価値が、引受人以外の既存株主から引受人に対して移転すると見ているもの（既存株主説）と解される。

2 大淵名誉教授は、「３人で51％の株式を所有する同族会社の株主の親族等

---

7) 野原・前掲注２）146-147頁

に対して新株引受権を与えた場合には贈与税が課税され、4人で51％を所有する非同族会社の株主の親族に対して新株引受権を与えた場合には一時所得という課税上の不整合性を合理的に説明することは困難であるともいえよう。しかしながら、相続税法9条の『その他の経済的利益』の適用範囲の解釈として、同族会社がその株主の親族に新株引受権を付与した場合に限定して、みなし贈与として贈与税の対象とすることとして、所得課税に比して過重となる贈与税課税の対象を絞り込んだと評価することになるのであろう[8]」と述べておられる。

　なお、本通達の取扱いは、同族会社である合同会社及び合資会社の行う増資について、準用される（相通9−6）。

　また、本通達と同じ考え方を示した例として、神戸地裁昭和55年5月2日判決がある。

神戸地判昭55・5・2

（事案の概要）

　被相続人の死亡時以前3年以内になされた同族会社の各増資（注）時において、相続人は、それぞれ、増資前の所有株式の割合に応ずる数を超えて新株を引き受けており、一方において被相続人は各増資時において、いずれも、増資前の所有株式の割合に応ずる数を下回って新株を引き受けた。

　（注）　いずれの場合も新株1株の払込金額は金500円である。

（判決の要旨）

　相続税法第19条によれば、相続人が相続開始前3年以内に被相続人から贈与を受けた財産の価額は、相続税の課税価格に加算されることとされ、同法第9条は、無償又は著しく低い対価で利益を受けた場合においては、その利益を受けさせた者から贈与により上記利益を取得したものとみなす旨規定しており、かかる「みなし贈与」が相続税法第19条の贈与に該当することはいうまでもない。そうして、一般に、含み資産を有する会社が増資をすれば、旧株式の価額

8）　大淵博義『法人税法解釈の検証と実践的展開　第Ⅰ巻（改訂増補版）』28頁（注）(1)～(3)（税務経理協会、2013）

は増資額との割合に応じて稀釈され、新株式の価額が逆に増加することとなるため増資に当たり増資前の株式の割合に応じて新株の引受けがなされなかったときは、上記新株の全部又は一部を引き受けなかった者の財産が、旧株式の価額の稀釈に伴いそれだけ減少する反面、上記割合を超えて新株を引き受けた者の財産は、それだけ増加するから、後者は前者からその差額分の利益を取得したことと評価し得る。

したがって、上記利益を無償で取得すれば、相続税法第9条所定の「みなし贈与』に該当すると解すべきである。そうして、これらの新株引受権による利益が、相続開始前3年以内に発生しておれば、相続税法第19条により相続税の課税価格に加算することとなる。

＊　　　　　　＊　　　　　　＊

また、相続税法基本通達9-5は、次の通り定めている。

（贈与により取得したものとする募集株式引受権数の計算）
相続税法基本通達9-5

　9-4において、だれからどれだけの数の募集株式引受権の贈与があったものとするかは、次の算式により計算するものとする。この場合において、その者の親族等が2人以上あるときは、当該親族等の1人ごとに計算するものとする。

$$A \times \frac{C}{B} = \begin{array}{l}\text{その者の親族等から贈与により取得したものとする}\\ \text{募集株式引受権数}\end{array}$$

（注）　算式中の符号は、次のとおりである。
　　　Aは、他の株主又は従業員と同じ条件により与えられる募集株式引受権の数を超えて与えられた者のその超える部分の募集株式引受権の数
　　　Bは、当該法人の株主又は従業員が他の株主又は従業員と同じ条件により与えられる募集株式引受権のうち、その者の取得した新株の数が、当該与えられる募集株式引受権の数に満たない数の総数
　　　Cは、Bの募集株式引受権の総数のうち、Aに掲げる者の親族等（親族等が2人以上あるときは、当該親族等の1人ごと）の占めているものの数

本通達は、相続税法基本通達9-4において、誰からどれだけの数の募集株式引受権の贈与があったものとするかの算式を示している。

　例えば、同族会社が **表1** のように倍額増資をする場合において、甲野一郎が甲野太郎から贈与を受けたものとみなされる金額及び甲野一郎が甲野花子から贈与を受けたものとみなされる金額は、**表2** の通りである。

　なお、**表3** の「⑤」欄に掲げる金額は、甲野一郎の一時所得の収入金額とされる[9][10]。

表1

	① 増資前の所有株式数	② 所有割合に応じた割当株式数	③ 取得した新株の数	④ 超過分の数 (③-②)	⑤ 不足分の数 (②-③)	⑥ ⑤のうち④の者の親族等の数
甲野太郎	50,000株	50,000株	10,000株		40,000株	40,000株
甲野花子	30,000株	30,000株	10,000株		20,000株	20,000株
甲野一郎	10,000株	10,000株	80,000株	70,000株	本通達のC	
乙山次郎	10,000株	10,000株			10,000株	
計	100,000株	100,000株	100,000株	70,000株	70,000株	60,000株

本通達のA
本通達のB

（注1）　甲野太郎（夫）、甲野花子（妻）及び甲野一郎（子）は、親族等の関係にあるが、これらの者と乙山次郎は、親族等の関係にない。
（注2）　募集株式引受権の利益は、給与所得又は退職所得として与えられたものではない。
（注3）　増資前の1株当たりの価額は1,000円、増資に係る1株当たりの払込金額は50円である。

9）　野原・前掲注2）146-147頁
10）　本事例では、株式について、所得税法上の評価額と相続税法上の評価額とが異なるような事情はないものとする。

表2

		甲野一郎が甲野太郎から贈与を受けたものとみなされる金額	甲野一郎が甲野花子から贈与を受けたものとみなされる金額
①	発行済株式総数	200,000株 （増資後の株数である）	同左
②	純資産価額	105,000,000円 （増資後の純資産価額である）	同左
③	1株当たりの価額 （＝②／①）	525円	同左
④	甲野一郎が贈与により取得したものとされる募集株式引受権数	40,000株（注1）	20,000株（注2）
⑤	甲野一郎が贈与を受けたものとみなされる金額 （＝（③−50円）×④）	19,000,000円	9,500,000円

（注1） $70,000株（A）× \dfrac{40,000株（C）}{70,000株（B）} = 40,000株$

（注2） $70,000株（A）× \dfrac{20,000株（C）}{70,000株（B）} = 20,000株$

表3

		甲野一郎の一時所得の 収入金額とされる金額
①	発行済株式総数	200,000株 （増資後の株数である）
②	純資産価額	105,000,000円 （増資後の純資産価額である）
③	1株当たりの価額 （＝②／①）	525円
④	本通達のBのうち、乙山次郎の占 めているものの数	10,000株（注）
⑤	甲野一郎の一時所得の収入金額と される金額（＝（③－50円）×④）	4,750,000円

（注）　$70,000株 \times \dfrac{10,000株}{70,000株} = 10,000株$

　さらに、相続税法基本通達9-7は、次の通り定めている。

（同族会社の新株の発行に伴う失権株に係る新株の発行が行われなかった場合）
相続税法基本通達9-7

　同族会社の新株の発行に際し、会社法第202条第1項《株主に株式の割当てを受ける権利を与える場合》の規定により株式の割当てを受ける権利（以下9-7において「株式割当権」という。）を与えられた者が株式割当権の全部若しくは一部について同法第204条第4項《募集株式の割当て》に規定する申込みをしなかった場合又は当該申込みにより同法第206条第1号に規定する募集株式の引受人となった者が同法第208条第3項《出資の履行》に規定する出資の履行をしなかった場合において、当該申込み又は出資の履行をしなかった新株（以下「失権株」という。）に係る新株の発行が行われなかったことにより結果的に新株発行割合（新株の発行前の当該同族会社の発行済株式の総数（当該同族会社の有する自己株式の数を除く。以下9-7において同じ。）に対する新株の発行により出資の履行があった新株の総数の割合をいう。以下9-7において同じ。）を超えた割合で新株を取得した者があるときは、その者のうち失権株主（新株の全部の取得をしなかった者及び結果的に新株発行割合に満たない割合で新株を取得した者をいう。以下9-7において同じ。）の親族等については、当該失権

株の発行が行われなかったことにより受けた利益の総額のうち、次の算式により計算した金額に相当する利益をその者の親族等である失権株主のそれぞれから贈与によって取得したものとして取り扱うものとする。

(1)　その者が受けた利益の総額

$$
\begin{pmatrix} \text{新株の発行後の1株} \\ \text{当たりの価額 (A)} \end{pmatrix} \times \begin{pmatrix} \text{その者の新株の発行} \\ \text{前における所有株式} \\ \text{数 (B)} + \text{その者が取得した新} \\ \text{株の数 (C)} \end{pmatrix}
$$

$$
- \begin{pmatrix} \text{新株の発行前} \\ \text{の1株当たり} \\ \text{の価額 (D)} \times \text{その者の新株} \\ \text{の発行前にお} \\ \text{ける所有株式} \\ \text{数 (B)} + \text{新株の1株当} \\ \text{たりの払込金} \\ \text{額 (E)} \times \text{その者が取得} \\ \text{した新株の数} \\ \text{(C)} \end{pmatrix}
$$

(2)　親族等である失権株主のそれぞれから贈与により取得したものとする利益の金額

$$
\begin{pmatrix} \text{その者が受けた} \\ \text{利益の総額} \end{pmatrix} \times \frac{\text{親族等である各失権株主が与えた利益の金額 (G)}}{\text{各失権株主が与えた利益の総額 (F)}}
$$

(注)1　(1)の算式中の「A」は次により計算した価額による。

$$
\frac{\left(D \times \text{新株の発行前の} \atop \text{発行済株式数 (H)} \right) + \left(E \times \text{新株の発行により出資の履} \atop \text{行があった新株の総数 (I)} \right)}{(H + I)}
$$

2　(2)の算式中の「F」は失権株主のそれぞれについて次により計算した金額の合計額による。

$$(D \times B + E \times C) - A \times (B + C)$$

3　(2)の算式中の「G」は、失権株主のうち親族等である失権株主のそれぞれについて2の算式により計算した金額による。

例えば、資本金の倍額増資の決議があり、それに伴って株式割当権の付与があった場合において、その付与された新株について50％の失権株が生じ、その失権株の発行を取りやめたとすると、会社の資本金は実質的には半額増資が行われたのと同様になるが、これは、実質的には最初から半額増資の決議をし、それに伴う募集株式引受権を特定の株主に変則的に付与した場合（相基通9-4）と異ならないことから[11]、本通達は、同族会社の新株の発行に際し、

---

11)　野原・前掲注2）155-156頁

①株式割当権を与えられた者が株式割当権の全部若しくは一部について申込みをしなかった場合又は②その申込みにより募集株式の引受人となった者が出資の履行をしなかった場合において、その申込み又は出資の履行をしなかった新株（以下「失権株」という。）に係る新株の発行が行われなかったことにより結果的に新株発行割合（新株の発行前のその同族会社の発行済株式の総数に対する新株の発行により出資の履行があった新株の総数の割合をいう。）を超えた割合で新株を取得した者があるときは、その者のうち失権株主（新株の全部の取得をしなかった者及び結果的に新株発行割合に満たない割合で新株を取得した者をいう。）の親族等については、その失権株の発行が行われなかったことにより受けた利益の総額のうち、親族等である各失権株主の所有する価額の減少部分に対応する金額を親族等である各失権株主から贈与によって取得したものとして取り扱う旨定めている。

　相続税法基本通達9−4においては、同9−5により贈与により取得したものとする募集株式引受権の数を計算するものとされているが、本通達では、これに準ずるのではなく、まず、増資後の結果に基づいて募集株式引受権を引き受けた者の利益の総額と失権株主の与えた利益の総額を計算し、次いで、その株主の受けた利益の総額のうち親族等である株主のそれぞれから贈与を受けたものとする金額を計算する2段構えとなっている[12]。

　また、法人税法においては、既存株式に希薄化損失が生じても、受贈益の額の計算上、その額を控除することはできないと解するのが通説・判例であるが（**第2章❺**参照）、本通達の(1)の算式を変形すると、次の通り、受贈益の額の計算上、既存株式に生じる希薄化損失を控除する取扱いになっていることが分かる。

---

12)　永野ほか・前掲注3）132頁

$$\text{新株の発行後の1株当たりの価額（A）} \times \left(\begin{array}{l} \text{その者の新株の発行前における所有株式数（B）} + \text{その者が取得した新株の数（C）} \end{array} \right)$$

$$- \left(\begin{array}{l} \text{新株の発行前の1株当たりの価額（D）} \times \text{その者の新株の発行前における所有株式数（B）} + \text{新株の1株当たりの払込金額（E）} \times \text{その者が取得した新株の数（C）} \end{array} \right)$$

$$= \text{その者が取得した新株の数（C）} \times \left(\begin{array}{l} \text{新株の発行後の1株当たりの価額（A）} - \text{新株の1株当たりの払込金額（E）} \end{array} \right)$$

$$- \left[\begin{array}{l} \text{その者の新株の発行前における所有株式数（B）} \times \left(\begin{array}{l} \text{新株の発行前の1株当たりの価額（D）} - \text{新株の発行後の1株当たりの価額（A）} \end{array} \right) \end{array} \right]$$

希薄化損失の額

　例えば、 **表4** の通り、同族会社が倍額増資の決議をしたが、50％の失権株が生じた場合には、①新株発行割合は、50％、②新株発行割合を超えた割合で新株を取得した者は、甲野一郎及び乙山次郎、③失権株主は、甲野太郎及び甲野花子、④上記③のうち、失権株主の親族等は、甲野一郎ということになり、甲野一郎が甲野太郎から贈与を受けたものとみなされる金額及び甲野一郎が甲野花子から贈与を受けたものとみなされる金額は、 **表5** の通りとなる。

　なお、本通達(1)によると、乙山次郎が受けた利益の総額（一時所得の収入金額）は、 **表6** の「②」欄に掲げる金額となる[13][14]。

---

13)　野原・前掲注2）146-147頁
14)　本事例では、株式について、所得税法上の評価額と相続税法上の評価額とが異なるような事情はないものとする。

表4

	① 増資前の 所有株式数	② 割り当てられた 新株引受権の数	③ 引き受けた 新株の数	④ 失権株の数 (②－③)	⑤ 増資後の 所有株式数 (①＋③)
甲野 太郎	50,000株	50,000株	20,000株	30,000株	70,000株
甲野 花子	30,000株	30,000株	10,000株	20,000株	40,000株
甲野 一郎	10,000株	10,000株	10,000株	0株	20,000株
乙山 次郎	10,000株	10,000株	10,000株	0株	20,000株
計	100,000株	100,000株	50,000株	50,000株	150,000株

（①欄 本通達のB／③欄 本通達のC／計①欄 本通達のH／計③欄 本通達のI）

(注1) 甲野太郎（夫）、甲野花子（妻）及び甲野一郎（子）は、親族等の関係にあるが、これらの者と乙山次郎は、親族等の関係にない。

(注2) 募集株式引受権の利益は、給与所得又は退職所得として与えられたものではない。

(注3) 増資前の1株当たりの価額は1,000円（本通達のD）、増資に係る1株当たりの払込金額は100円（本通達のE）である。

表5

		甲野一郎が甲野太郎から贈与により取得したものとされる金額	甲野一郎が甲野花子から贈与により取得したものとされる金額
①	新株の発行後の1株当たりの価額（本通達のA）	700円（注1）	同左
②	甲野一郎が受けた利益の総額	3,000,000円（注2）	同左
③	甲野太郎が与えた利益の総額（本通達のG）	3,000,000円（注3）	同左
④	甲野花子が与えた利益の総額（本通達のG）	3,000,000円（注4）	同左
⑤	甲野太郎及び甲野花子が与えた利益の総額(本通達のF)(＝③＋④)	6,000,000円	同左
⑥	甲野一郎が甲野太郎から贈与により取得したものとされる金額（＝②×③÷⑤))	1,500,000円	―
⑦	甲野一郎が甲野花子から贈与により取得したものとされる金額（＝②×④÷⑤)	―	1,500,000円

（注1） $\dfrac{1,000円（D）\times100,000株（H）+100円（E）\times50,000株（I）}{100,000株（H）+50,000株（I）}=700円（A）$

（注2） 700円（A）×（10,000株（B）＋10,000株（C））－（1,000円（D）×10,000株（B）＋100円（E）×10,000株（C））＝3,000,000円

（注3） （1,000円（D）×50,000株（B）＋100円（E）×20,000株（C））－700円（A）×（50,000株（B）＋20,000株（C））＝3,000,000円（G）

（注4） （1,000円（D）×30,000株（B）＋100円（E）×10,000株（C））－700円（A）×（30,000株（B）＋10,000株（C））＝3,000,000円（G）

表6

		乙山次郎が受けた利益の総額
①	新株の発行後の1株当たりの価額（本通達のA）	700円（注1）
②	乙山次郎が受けた利益の総額	3,000,000円（注2）

（注1）　$\dfrac{1,000円（D）×100,000株（H）+100円（E）×50,000株（I）}{100,000株（H）+50,000株（I）}=700円（A）$

（注2）　700円（A）×（10,000株（B）+10,000株（C））−（1,000円（D）×10,000株（B）+100円（E）×10,000株（C））=3,000,000円

　なお、増資前の出資割合に応ずる額を超えて新出資を引き受けた者は、同割合に応ずる額未満の出資をした者から、旧出資の価値の減少分に相当する利益の贈与を受けたものとみなすべきであるとされた例として、長崎地裁昭和36年5月19日判決がある。

長崎地判昭36・5・19

（事案の概要）

①　A合資会社（以下「A社」という。）は、社員P4、その養子P1、同P2及び孫P3をもって構成される同族会社である。

②　A社は、その資産内容及び業績が極めて良好で、含み資産を有し、第1回増資前の出資（100円当たり）の評価額は、17,822円であった。

③　A社の第1回増資においては、P1、P2及びP3が、第2回増資においては、P2が、それぞれ増資前の出資の割合に応ずる額を超えて新出資を引き受けた。

（判決の要旨）

　A社の第1回増資において、P1は、3,237,894円に相当する出資を319,950円（100円当たり1,012円）で、P2は、1,638,610円に相当する出資を161,918円（同）で、P3は、2,844,630円に相当する出資を281,090円（同）でそれぞれ引き受け、その差額に相当する利益を（割合額に応ずる新出資の引受けをしなかった）P4から取得し、第2回増資において、P2は、4,802,400円に相当する出資を920,000円（100円当たり522円）で引き受け、その差額に相当する利益を（割合額に応ずる新出資の引受けをしなかった）P1、P3及びP4から取得したことが明らかであり、また、上記各出資の引受けが著しく低い対価でなされたことは、以上の事実により肯認できるので、

以上のようなP1らの利益は、いずれも相続税法第9条により、その利益を取得させた上記の者らから贈与によって取得したものとみなされると解するを相当とする。

補　章

有利発行に係る
国際課税関係の規定

　本章では、日本国内に恒久的施設を有しない外国法人が、内国法人の発行する株式を有利な価額で引き受けた場合のその外国法人の課税関係について検討する。

　まず、法人税法第138条は、「国内源泉所得」の意義について、次の通り規定している。

（国内源泉所得）

法人税法第138条

1　この編において「国内源泉所得」とは、次に掲げるものをいう。

　一　外国法人が恒久的施設を通じて事業を行う場合において、当該恒久的施設が当該外国法人から独立して事業を行う事業者であるとしたならば、当該恒久的施設が果たす機能、当該恒久的施設において使用する資産、当該恒久的施設と当該外国法人の本店等（……）との間の内部取引その他の状況を勘案して、当該恒久的施設に帰せられるべき所得（……）

　二　国内にある資産の運用又は保有により生ずる所得（所得税法第161条第1項第8号から第11号まで及び第13号から第16号まで（国内源泉所得）に該当するものを除く。）

　三　国内にある資産の譲渡により生ずる所得として政令で定めるもの

　四　国内において人的役務の提供を主たる内容とする事業で政令で定めるものを行う法人が受ける当該人的役務の提供に係る対価

　五　国内にある不動産、国内にある不動産の上に存する権利若しくは採石法（……）の規定による採石権の貸付け（……）、鉱業法（……）の規定による租鉱権の設定又は所得税法第2条第1項第3号（定義）に規定する居住

> 　者若しくは内国法人に対する船舶若しくは航空機の貸付けによる対価
> 　六　前各号に掲げるもののほかその源泉が国内にある所得として政令で定め
> 　　るもの
> 2・3　（略）

　本条第1項は、国内源泉所得とは、①恒久的施設帰属所得、②国内にある資産の運用・保有に係る所得、③国内にある一定の資産の譲渡に係る所得、④人的役務の提供事業の対価、⑤国内不動産の賃貸料等、⑥その他の国内源泉所得が、これに該当する旨規定している。ただし、租税条約において国内源泉所得につき異なる定めがある場合には、その租税条約の適用を受ける外国法人については、国内源泉所得は、その異なる定めがある限りにおいて、その租税条約に定めるところによることとされている（法令139①）。

　次に、法人税の課税対象となる国内源泉所得の範囲について、法人税法第141条は、次の通り規定している。

> **法人税法第141条**
> 　外国法人に対して課する各事業年度の所得に対する法人税の課税標準は、次の各号に掲げる外国法人の区分に応じ当該各号に定める国内源泉所得に係る所得の金額とする。
> 　一　恒久的施設を有する外国法人
> 　　　各事業年度の次に掲げる国内源泉所得
> 　　イ　第138条第1項第1号（国内源泉所得）に掲げる国内源泉所得
> 　　ロ　第138条第1項第2号から第6号までに掲げる国内源泉所得（同項第1
> 　　　号に掲げる国内源泉所得に該当するものを除く。）
> 　二　恒久的施設を有しない外国法人
> 　　　各事業年度の第138条第1項第2号から第6号までに掲げる国内源泉所得

　本条は、**表1**の【法人税】の部分が、法人税の課税対象となる国内源泉所得となる旨規定している。なお、同表の④及び⑤並びに(7)から(14)までの所得については、源泉徴収の対象となる国内源泉所得となる（所法212①、国税庁HP「令和2年版　源泉徴収のあらまし」271頁）。

表1

所得の種類 （法法138） ＼ 外国法人の区分 （法法141）	恒久的施設を有する法人		恒久的施設を 有しない法人 （法法141二）	源泉徴収 （所法212 ①213①）
	恒久的施設 帰属所得 （法法141一イ）	その他の 国内源泉所得 （法法141一ロ）		
（事業所得）		【課税対象外】		無 （注1）
② 資産の運用・保有 （法法138①二） ※下記(7)〜(14)に該当するものを除く。				無 （注2）
③ 資産の譲渡 （法法138①三） ※右のものに限る。 不動産の譲渡（法令178一）				無 （注3）
不動産の上に存する権利等の譲渡（ 〃 二）				
山林の伐採又は譲渡（ 〃 三）	①恒久的施設に帰せられるべき所得 （法法138①一） 【法人税】	【法人税】		無
買集めした内国法人株式の譲渡（ 〃 四イ）				
事業譲渡類似株式の譲渡（ 〃 四ロ）				
不動産関連法人株式の譲渡（ 〃 五）				
ゴルフ場の所有・経営に係る法人の株式の譲渡 等（ 〃 六、七）				
④ 人的役務の提供事業の対価（法法138①四）				20.42%
⑤ 不動産の賃貸料等（ 〃 五）				20.42%
⑥ その他の国内源泉所得（ 〃 六）				無
(7) 債券利子等（所法161①八）		【源泉徴収のみ】		15.315%
(8) 配当等（ 〃 九）				20.42% （注4）
(9) 貸付金利子（ 〃 十）				20.42%
(10) 使用料等（ 〃 十一）				20.42%
(11) 事業の広告宣伝のための賞金（ 〃 十三）	①恒久的施設に帰せられるべき所得 （法法138①一） 【法人税】	【源泉徴収のみ】		20.42%
(12) 生命保険契約に基づく年金等（ 〃 十四）				20.42%
(13) 定期積金の給付補塡金等（ 〃 十五）				15.315%
(14) 匿名組合契約等に基づく利益の分配（ 〃 十六）				20.42%

（注1）　事業所得のうち、組合契約事業から生ずる利益の配分については、20.42％の税率で源泉徴収が行われる。
（注2）　租税特別措置法第41条の12の規定により同条に規定する一定の割引債の償還差益については、18.378％（一部のものは16.336％）の税率で源泉徴収が行われる。
　　　　また、租税特別措置法第41条の12の2の規定により同条に規定する一定の割引債の償還金に係る差益金額については、15.315％の税率で源泉徴収が行われる。
（注3）　資産の譲渡による所得のうち、国内にある土地若しくは土地の上に存する権利又は建物及びその附属設備若しくは構築物の譲渡による対価（所得税法施行令第281条の3に規定するものを除く。）については、10.21％の税率で源泉徴収が行われる。
（注4）　上場株式等に係る配当等、公募証券投資信託（公社債投資信託及び特定株式投資信託を除く。）の収益の分配に係る配当等及び特定投資法人の投資口の配当等については、15.315％の税率が適用される。

（出典：国税庁 HP「令和2年版　源泉徴収のあらまし」271・272頁を一部加工）

そして、国内源泉所得のうち「⑥その他の国内源泉所得」（法法138①六）について、法人税法施行令第180条は、次の通り規定している。

（国内に源泉がある所得）

法人税法施行令第180条

　法第138条第1項第6号（国内源泉所得）に規定する政令で定める所得は、次に掲げる所得とする。

　　一　国内において行う業務又は国内にある資産に関し受ける保険金、補償金又は損害賠償金（これらに類するものを含む。）に係る所得

　　二　国内にある資産の贈与を受けたことによる所得

　　三　国内において発見された埋蔵物又は国内において拾得された遺失物に係る所得

　　四　国内において行う懸賞募集に基づいて懸賞として受ける金品その他の経済的な利益に係る所得

　　五　前各号に掲げるもののほか、国内において行う業務又は国内にある資産に関し供与を受ける経済的な利益に係る所得

　本条は、「⑥その他の国内源泉所得」（法法138①六）は、次に掲げる所得が、これに該当する旨規定している。

イ	国内業務・国内資産に関し受ける保険金等
ロ	国内にある資産の贈与
ハ	国内で発見された埋蔵物等
ニ	国内で行う懸賞に係る懸賞金等
ホ	国内業務・国内資産に関し供与を受ける経済的利益

　以上のことから、上記ロの「国内にある資産の贈与」（法令180二）及び上記ホの「国内業務・国内資産に関し供与を受ける経済的利益」（法令180五）は、「⑥　その他の国内源泉所得」（法法138①六）に該当し、外国法人が恒久的施設を有するか否かを問わず、法人税の課税対象とされることとなる（法法141）。

　ところで、渡辺名誉教授は、恒久的施設を有しない外国法人Ｃ社が、内国法人Ａ社の発行する第三者割当増資新株を著しく有利な価額で引き受け、Ａ

社の約35％の筆頭株主になることなどを内容とする業務提携協議を両社間で行っているという設例について、「政令の規定では、〔日本国内に恒久的施設を有しない〕非居住外国法人が受ける国内資産の受贈益ないしは国内業務又は国内資産に関して供与を受ける経済的利益にかかる所得がその課税国内源泉所得に含まれるものとして特掲されているが、Ｃ社が取得する増資新株のような企業支配株式の所在は、いわゆる発行体基準により、その発行法人の本店所在地国内にあると解するのが国際的な共通認識になっていると解されるところ（事業譲渡類似の株式譲渡や不動産関連法人株式の譲渡所得の源泉地判定も、その一例）、その取得に関する業務（協議）を通じて有利発行による利益を享受することは、とりもなおさず、国内業務ないしは国内資産に関して贈与又は経済的利益を享受することに他ならず、これにより、時価と払込価額との差額に相当する国内源泉所得を得たものとして課税される余地が十分に存するものと解される[1]」（〔〕内筆者）と述べておられる。

　このように、外国法人が、内国法人の発行する株式を有利な価額で引き受けた場合には、これに伴う受贈益ないしは経済的利益の享受は、国内にある資産の贈与（法令180二）又は国内業務・国内資産に関し供与を受ける経済的利益（法令180五）に該当し、その外国法人が日本国内に恒久的施設を有するか否かにかかわらず、我が国の法人税の課税対象になるものと考えられる（法法141、138①六）。

---

1)　渡辺淑夫「非居住外国法人が第三者割当増資により企業支配株式を取得する場合の有利発行の判断と課税関係」月刊国際税務35巻2号108頁（国際税務研究会、2015）

第2部 事例編

事例 *1*

有利発行と既存株主に対する寄附金課税

| 第　　1　　審：東京地裁平成12年（行ウ）第69号　平成13年11月 9 日判決 |
| 差戻前控訴審：東京高裁平成14年（行コ）第 1 号　平成16年 1 月28日判決 |
| 上　　告　　審：最高裁平成16年（行ヒ）第128号　平成18年 1 月24日判決 |
| 差戻後控訴審：東京高裁平成18年（行コ）第31号　平成19年 1 月30日判決 |

 事案の概要

　本件は、A 社がオランダにおいて設立した100％出資の子会社である D 社が、その発行済株式総数の15倍の新株を A 社の関連会社である E ファンド社に著しく有利な価額で発行したことに関して、B 税務署長が、A 社の有する D 社株式の資産価値のうち上記新株発行によって E ファンド社に移転したものを、A 社の E ファンド社に対する寄附金と認定して、A 社の平成 6 年10月 1 日から同 7 年 9 月30日までの事業年度（以下「本件事業年度」という。）の法人税の増額更正及びこれに係る過少申告加算税賦課決定をしたことから、A 社が、上記更正のうち申告額を超える部分及び上記賦課決定（以下「本件各処分」という。）の取消しを求める事案である。

基礎事実

(1)　A 社は、平成 3 年 9 月、その保有する下記の現物及び現金（計16億5,000万円相当）を出資して、オランダにおいて100％出資の子会社である D 社を設立し、同社の株式200株の発行を受けた。同社は、持株会社としての活動、融資、投資等を目的としていたが、事業所や従業員を有しないいわゆるペーパーカンパニーである。同社は、資本金を20万ギルダー（1,500万円相当）とし、資本金の額を超える2,180万ギルダー（16億3,500万円相当）を資本準備金とした。

	種類等	受入価額等
出資	テレビ F 株式3,559株	11億500万円
	G 放送株式15万株	4 億3,900万円
	現金	1 億600万円

(2)　A 社は、平成10年改正前の法人税法第51条第 1 項に基づき、同項に規定する特定出資に当たる上記(1)の現物出資について、出資時の帳簿価額と時価との差額（約81億3,400万円）を圧縮記帳し、課税の繰延べを受けた。

	帳簿価額	時　価
テレビ F 株式3,559株	11億574万円	86億3,472万円
G 放送株式15万株	4 億3,956万円	10億4,430万円
合　　計	15億4,530万円	96億7,902万円

(3)　財団法人 H 文化財団は、平成 7 年 2 月当時、A 社の発行済株式の49.6％を保有する筆頭株主であったが、同月13日、オランダにおいて100％出資の子会社である E ファンド社を設立した。当時、I は、A 社の取締役相談役、財団法人 H 文化財団の理事長、D 社の代表取締役及び E ファンド社の取締役であり、J は、A 社の代表取締役、財団法人 H 文化財団の評議員、D 社の代表取締役及び E ファンド社の取締役であった。

(4)　D 社は、平成 7 年 2 月13日、株主総会において、300万ギルダー増資し、

発行する3,000株（1株の額面金額1,000ギルダー）全部を303万303ギルダー（1ギルダー58.17円換算で1億7,627万2,725円相当）でEファンド社に割り当てる旨の決議をし（以下「本件決議」という。）、その払込みを受けて同社に上記3,000株を発行した。これにより、同社は、D社の発行済株式の93.75％を保有するに至り、一方、A社のD社に対する持株割合は、100％から6.25％に減少した。この持株割合の変化は、上記各法人、その役員等が意思を相通じた結果であり、A社は、Eファンド社との合意に基づき、D社の資産につき株主として保有する持分93.75％を失い、Eファンド社がこれを取得した。これにより、D社の増資前の資産価値の100％と増資後の資産価値の6.25％との差額が、A社からEファンド社に移転したが、その移転について、A社がEファンド社から対価を得ることはなかった。

(5) 平成7年2月当時、G放送は、Kテレビ株式1万20株及びオランダ法人であるL社の株式200株を保有し、L社は、Kテレビ株式4,500株を保有していた。また、当時、D社、テレビF、G放送、L社及びKテレビの各株式は、非上場株式であり、気配相場や独立当事者間の適当な売買実例がなく、その公開の途上になく、各社と事業の種類や収益の状況等において類似する法人はなかった。

(6) B税務署長は、本件決議当時におけるD社株式の資産価値が1株当たり234万6,252.55ギルダー（1億3,648万1,511円）であったのに、A社が、その価値を著しく下回る1株当たり1010.1ギルダー（5万8,757.5円）で3,000株もの新株をEファンド社に発行する本件決議をすることにより、A社が保有していたD社株式の資産価値272億9,630万2,219円を一挙に17億1,703万5,934円まで減少させ、その差額である255億7,926万6,285円相当額を、何らの対価も得ずにEファンド社に移転させたもの（有価証券に係る利益の計上漏れ）と認め、このような行為は営利を目的とする法人の行為としては不自然・不合理であり、法人税の負担を不当に減少させる行為であるとして、法人税法第132条を適用し、上記資産価値の移転をEファンド社に対する寄附金と認め、A社に対し、本件各処分をした。

🔍 **参考**

　D社は、平成9年8月18日、株主総会決議により定款を変更し（以下「本件定款変更」という。）、種類株（以下「乙株」といい、本件定款変更前の定款上の普通株を「甲株」という。）についての定めを設けた。乙株は、残余財産分配請求権が甲株に優先するが、その額が額面額に限定される点が甲株と異なっていた。また、本件定款変更においては、株主総会決議は有効投票の95％以上をもって成立することに変更された。

　本件定款変更について、A社は、「本件増資新株は、額面金額の価値しか有しない乙株（種類株）で、残余財産分配請求権が額面金額（払込金額）に限られ、A社の有していたD社株式の資産価値（含み益）は、本件増資によりEファンド社に移転しない。すなわち、A社、D社及びEファンド社の3社は、本件増資時から、Eファンド社の保有するD社株式を額面金額の価値しか有しない乙株（種類株）とするとの共通の認識を有していた。D社は、本件増資に際し、定款を変更して乙株を創設すべきところ、事務手続上の過誤により、定款変更をせず、平成8年春、代表取締役のNがこれに気付き、上記3社は、同9年7月28日、増資時から想定していた通りの定款変更を確認する合意をし、同10年3月10日、定款変更がされた。増資新株は、オランダ税務当局によるタックス・ルーリングによっても、乙株と認められている」と主張した。

③ 争点

(1)　法人税法第22条第2項にいう「無償取引」の解釈・適用の適否

(2)　法人税法第22条第2項にいう収益の認定が過大であるか否か

　なお、以下、争点(1)について詳述するものとし、争点(2)については、❺の **表1** において簡潔に記載するにとどめる。

4 裁判所の判断

4.1 上告審判決

　前記事実関係等によれば、Ａ社は、Ｄ社の唯一の株主であったというのであるから、第三者割当てにより同社の新株の発行を行うかどうか、誰に対してどのような条件で新株発行を行うかを自由に決定することができる立場にあり、著しく有利な価額による第三者割当増資を同社に行わせることによって、その保有する同社株式に表章された同社の資産価値を、同株式から切り離して、対価を得ることなく第三者に移転させることができたものということができる。そして、Ａ社が、Ｄ社の唯一の株主の立場において、同社に発行済株式総数の15倍の新株を著しく有利な価額で発行させたのは、Ａ社のＤ社に対する持株割合を100％から6.25％に減少させ、Ｅファンド社の持株割合を93.75％とすることによって、Ｄ社株式200株に表章されていた同社の資産価値の相当部分を対価を得ることなくＥファンド社に移転させることを意図したものということができる。また、前記事実関係等によれば、上記の新株発行は、Ａ社、Ｄ社、Ｅファンド社及び財団法人Ｈ文化財団の各役員が意思を相通じて行ったというのであるから、Ｅファンド社においても、上記の事情を十分に了解した上で、上記の資産価値の移転を受けたものということができる。

　以上によれば、Ａ社の保有するＤ社株式に表章された同社の資産価値については、Ａ社が支配し、処分することができる利益として明確に認めることができるところ、Ａ社は、このような利益を、Ｅファンド社との合意に基づいて同社に移転したというべきである。したがって、この資産価値の移転は、Ａ社の支配の及ばない外的要因によって生じたものではなく、Ａ社において意図し、かつ、Ｅファンド社において了解したところが実現したものということができるから、法人税法第22条第 2 項にいう取引に当たるというべきである。

　そうすると、上記の通り移転した資産価値をＡ社の本件事業年度の益金の

額に算入すべきものとした控訴審の判断は、是認することができる。

4.2　差戻後控訴審判決

⑴　本件においては、①Ｉ及びＪが同族会社であるＡ社とその関係法人（Ｄ
　社、Ｅファンド社及び財団法人Ｈ文化財団）の代表取締役、理事長、取締役等
　に就任し、同財団がＡ社の株式の約50％、Ａ社がＤ社の株式の100％を保
　有し、同財団の100％出資により、本件増資決議の日の平成７年２月13日、
　Ｅファンド社が設立されていたところ、②本件増資により、Ｄ社の全株式
　200株を保有していたＡ社の持株割合が100％から6.25％（16分の１）に減少
　したのに対し、Ｅファンド社のそれは93.75％（16分の15）となった。そし
　て、③Ｄ社は、持株会社としての活動、融資、投資等を目的とするが、平
　成３年に設立されてから本件増資時の平成７年までは事業所を有せず、従業
　員のいないいわゆるペーパーカンパニーであったことが認められる。

　　上記事実によれば、Ａ社は、Ｄ社に対する持株割合を激減させ、Ｅファ
　ンド社の持分割合を93.75％とすることによって、Ｄ社の株式200株に表章さ
　れていた同社の資産価値の大部分を対価を得ることなく、Ｅファンド社に移
　転させることを意図したものということができ、そして、上記事実関係に基
　づけば、本件新株発行は、Ａ社、Ｄ社、財団法人Ｈ文化財団及びＥファン
　ド社の各役員が意思を相通じて行ったものと推認することができるから、Ｅ
　ファンド社としても、Ａ社の上記のような意図を了解して、上記資産の移
　転を受けたものということができる。

　　そこで、Ｄ社の株式に表章された資産価値は、Ａ社において支配し、処
　分することができたところ、Ａ社は、このような利益をＥファンド社との
　合意に基づいて同社に移転したものということができる。すると、この資産
　価値の移転は、Ａ社が意図し、Ｅファンド社が了解したところが実現したも
　のということができるから、法人税法第22条第２項の取引、すなわち「無償
　による資産の譲渡」に当たるということができる。

⑵　Ａ社は、Ｂ税務署長の主張する会計処理方法を法人税法第22条第４項の会

計処理の基準と解することは、広く一般社会において確立した会計慣行を排除するもので、憲法第84条《課税の要件》、第30条《納税の義務》に反し、また、Ａ社だけに課税するもので、憲法第14条《平等原則、貴族制度の否認及び栄典の限界》第１項に違反する旨主張する。

　しかしながら、本件増資は、旧株主と新株主の持株割合を１対15、出資比率を99対１とし、無償で資産の譲渡を行うものであって、経済的合理性を欠き、資金調達のための新株の有利発行と異なるから、本件増資につき法人税法第22条第２項を適用しても、憲法第84条、第30条、第14条に違反すると解することはできない。

参考

　差戻後控訴審判決は、Ａ社、Ｄ社及びＥファンド社の間で、Ｅファンド社が取得する株式はいわゆる乙株（額面金額の価値しか有しない種類株）とするとの共通の認識があった旨のＡ社の主張について、「本件増資当時のＤ社の定款には株式に種類が定められておらず、本件増資に際し、資本金の増額について定款の変更がされたものの、種類株を設けることについては、定款の変更がなされていないことが認められるから（……）、Ｅファンド社の取得した株式が増資当時定めのなかった乙株であると認めることはできない。なお、Ａ社は、Ｄ社及びＥファンド社との間で、平成９年７月28日、本件増資時から想定していた定款変更を確認する合意をし、平成10年３月10日、これを具体化した定款変更がされたと主張するが、本件増資より事後に種類株を設ける旨の定款の変更がされても、これによって既に発行された株式の表章する権利内容に変更を生じないことは明らかである」として、これを排斥している。

5 解説

5.1 事案の概要

　本件の事実関係の詳細は、 ステップ1 から ステップ4 の各図に示す通りである。また、本件訴訟の経過は、 表1 の通りである。

　第三者割当てによる新株の有利発行を行う場合、既存株主は取引当事者として形式的に有利発行に関与する主体ではなく、発行法人の株主総会で決議した既存株主に課税関係は生じない（株式引受人について受贈益課税の対象となる利益が生じるにすぎない）との理解が一般的である[1][2]ところ、本件において、上告審判決は、Ａ社（既存株主）において意図し、かつ、Ｅファンド社（新株主）において了解したところに基づき、Ｄ社（発行法人）の資産価値を無償でＥファンド社に移転させたものと認められ、このことは、法人税法第22条第2項にいう「取引」に当たるとして、Ａ社に対する寄附金課税を是認した。

　一連のスキームについては、①Ａ社の現物出資による譲渡益は、旧法人税法第51条第1項（注）に基づく圧縮記帳により課税が繰り延べられる、②有利発行を受けたＥファンド社に生じた受贈益は、オランダでは非課税とされ、旧日蘭租税条約の「その他所得条項」によれば、日本に課税権がない、③Ｄ社に生じたテレビＦ株式の譲渡益は、オランダでは非課税とされ、その税務上の簿価が時価まで無税でステップアップされる、④その約1か月後、Ｌ社に生じたテレビＦ株式の譲渡益は、零である、⑤財団法人Ｈ文化財団は、公益法人であり、Ｅファンド社に生じた受贈益や、Ｄ社に生じたテレビＦ株式の譲渡益は「収益事業から生じた所得」ではないと考えられるため、外国子会社合算税制の課税対象とならない、⑥最終的に、グループ外の第三者が（Ｄ社か

---

1) 岡村忠生ほか「有利発行課税の構造と問題」『新しい法人税法』257頁（有斐閣、2007）
2) 大淵博義『法人税法解釈の検証と実践的展開　第Ⅰ巻（改訂増補版）』25頁（税務経理協会、2013）

らL社を経由してテレビF株式を取得した）株式会社M社メディアを買収することによって、テレビF株式のキャピタル・ゲインについて課税を受けることなく第三者に移転されるに至っているという事情もあったようであるが[3)4)5)6)]、上記①を除く各課税関係は、報道等からうかがえるもので、各審級の判決においては摘示されていない。

　　（注）　平成10年度税制改正前は、外国子会社の設立の際の現物出資についても、圧縮記帳
　　　　による課税の繰延べを認めていた。

参考

　1　内国法人がその有する資産を現物出資して海外子会社を設立する場合、これに圧縮記帳の特例制度を適用すると、現物出資した資産の含み益に対する課税が行われなくなるといった問題があること等から[7)]、平成10年度税制改正において、同制度の適用要件に、出資資産が国内にある一定の資産である場合には、当該資産の出資により海外子会社を設立するものでないこと等の要件が追加された。

　　　現行法では、現物出資が法人税法第2条第12号の14に規定する適格現物出資に該当する場合、同法第62条の4第1項の規定によりその譲渡益の計上が繰り延べられるが、現物出資のうち、外国法人に国内資産等の移転を行うものは、適格現物出資の要件を満たさないこととされている（法法2十二の十四柱書かっこ書）。

　2　本件の一連のスキームについて国際的租税回避行為を否認する立論も考えられるが、認定事実や判決文における当事者の主張で一切触れられていない事実（報道等で言及された事実）を前提にしている（ように見える）判例評釈が存することについては、批判もある[8)9)]。

3）　作田隆史「第三者割当増資による株主間の持分の移転についての課税上の取り扱いについて」税
　　大ジャーナル2号127・128頁（2005）
4）　大淵・前掲注2）68・69頁
5）　日本公認会計士協会東京会編『公認会計士による税務判例の分析と実務対応』131・132・138頁
　　（日本公認会計士協会出版局、2012）
6）　太田洋・伊藤剛志共著編『企業取引と税務否認の実務～税務否認を巡る重要裁判例の分析～』
　　337・338頁（大蔵財務協会、2015）
7）　大蔵財務協会編『改正税法のすべて〈平成10年版〉』310-311頁（大蔵財務協会、1998）
8）　大淵・前掲注2）61頁
9）　太田ほか・前掲注6）333頁

ステップ 1 D 社の設立

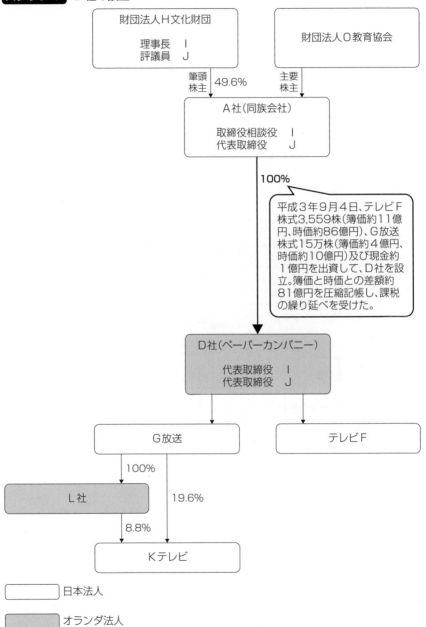

ステップ2 Eファンド社の設立とD社の第三者割当増資の引受け

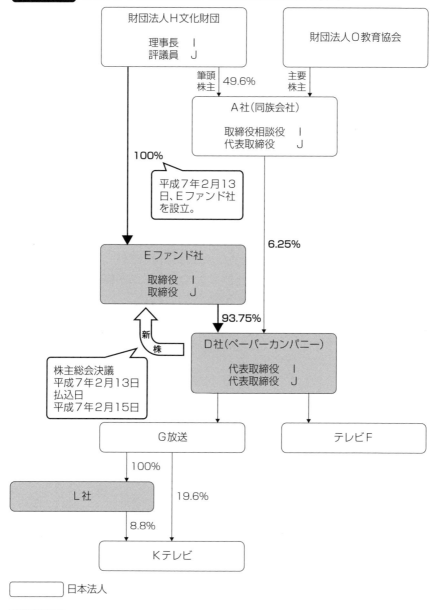

財団法人H文化財団

理事長　I
評議員　J

財団法人O教育協会

筆頭株主 49.6%

主要株主

A社(同族会社)

取締役相談役　I
代表取締役　　J

100%

平成7年2月13日、Eファンド社を設立。

Eファンド社

取締役　I
取締役　J

6.25%

93.75%

新株

株主総会決議
平成7年2月13日
払込日
平成7年2月15日

D社(ペーパーカンパニー)

代表取締役　I
代表取締役　J

G放送

テレビF

100%

19.6%

L社

8.8%

Kテレビ

☐ 日本法人

▨ オランダ法人

ステップ3　テレビF株式をM社メディアに集約

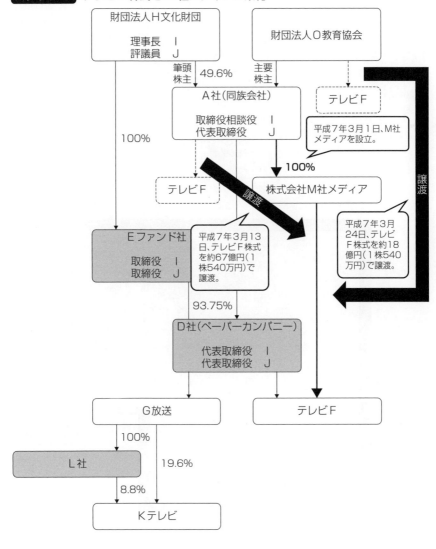

日本法人

オランダ法人

ステップ4　D 社保有のテレビ F 株式を L 社経由で M 社メディアに譲渡

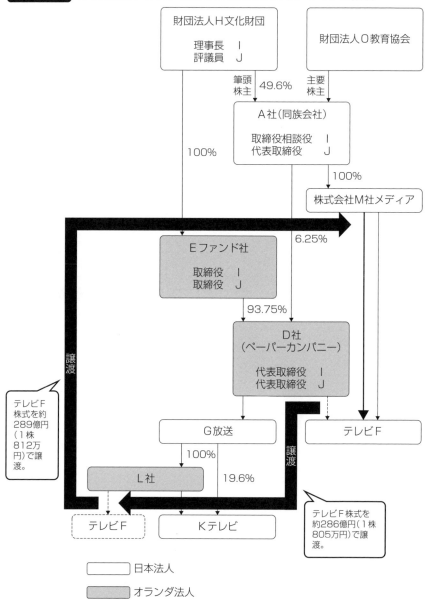

表1

第1審	A社の保有する資産価値がEファンド社に移転したとしても、それはD社とEファンド社間の行為であり、A社はEファンド社に対して何らの行為もしておらず、法人税法第22条第2項（無償による資産の譲渡又はその他の取引）にも同法第132条第1項第1号（同族会社の行為計算否認）にも該当しないとして、A社の求める限度で本件各処分を取り消した。
差戻前控訴審	〈1〉D社における持株割合の変化は、各法人及び役員等が意思を相通じた結果にほかならず、A社がD社の資産に係る株主として有する持分をEファンド社から何らの対価を得ることもなく喪失し、同社がこれを取得した事実は、それが両社の合意に基づくと認められる以上、両社間において無償による上記持分の譲渡がされたと認定することができ、上記持分の譲渡は、法人税法第22条第2項に規定する「無償による資産の譲渡」に当たる、〈2〉D社の資産を時価純資産価額方式（法人税等相当額を控除しないもの）で評価して、Eファンド社へ移転した資産価値を算定すべきであるとして、第1審判決を取り消した。
上告審	差戻前控訴審判決の上記〈1〉の判断は是認することができるが、同〈2〉の判断については以下の通りの問題があり、これについて更に審理を尽くすべきであるとして、控訴審に差し戻した。 ① D社保有のG放送株式の評価については、特段の事情がない限り、取引通念上、純資産価額方式によるときには法人税等相当額を控除するべきである（注）のに、差戻前控訴審はその点の検討をしていない。 ② G放送及びL社保有のKテレビ株式の評価並びにD社保有のテレビF株式の評価については、配当還元方式を採用する余地があるところ、差戻前控訴審はその点の検討をしていない。また、テレビF株式を純資産価額方式で評価するとした場合、上記①と同様の問題を究明するべきである。
差戻後控訴審	① G放送株式の評価方法について 　財産評価基本通達（平成12年課評2-4、課資2-249による改正前のもの）185は、企業の継続を前提とした場合においても、1株当たりの純資産価額の算定に当たり法人税額等相当額を控除することとしており、これは、平成7年2月当時において、一般に通常の取引における当事者の合理的意思に合致するものとして、法人税基本通達（平成12年課法2-7による改正前のもの）9-1-14(4)にいう「1株当たりの純資産価額等を参酌して通常取引されると認められる価額」に当たるというべきである。そして、このような価額によって株式の価額を評価し、これを前提に法人の収益の額を算定することは、法人税法の解釈として合理性を有するといい得る。そこで、本件においては、関係法人がG放送

株式について法人税等相当額を控除しない方式で評価する方が適切であると認識していたことをうかがい知る証拠はないから、G 放送の 1 株当たりの純資産価額の評価においては、法人税額等相当額を控除すべきである（注）。

②　G 放送及び L 社保有の K テレビ株式の評価方法について

　　K テレビの28.4％ないし31.8％の持株割合があり、筆頭株主グループに次ぐ株主グループであった G 放送及び L 社が単に配当を期待して K テレビ株式を保有していたと解することは相当でなく、G 放送及び L 社は、K テレビの事業経営につき上記持株割合に基づく影響力を有していたと推認するの相当である。そして、本件増資当時、D 社は A 社の100％出資のいわゆるペーパーカンパニーであった。したがって、G 放送及び L 社が保有していた K テレビ株式を配当還元方式によって評価すると著しく不合理な結果を生じさせて課税上の弊害をもたらすということができ、そして、K テレビ株式は非上場株式であり、気配相場や独立当事者間の適当な売買実例がなく、その公開の途上になく、同社と事業の種類や収益の状況等において類似する法人がなかったと認められるから、上記 K テレビ株式は時価純資産価額方式で評価するのが相当である。

③　D 社保有のテレビ F 株式の評価方法について

　　D 社及びその同族関係者が保有するテレビ F 株式の割合が21.4％であることなどからすると、D 社が単に配当を期待してテレビ F 株式を保有していたと解するのは相当ではなく、D 社は、テレビ F の事業経営につき上記持株割合に基づく影響力を有していたと推認するのが相当であり、しかも、A 社と株式会社 M 社メディアが、平成 7 年 3 月13日にテレビ F の株式1242株を 1 株540万円で売買したのは、同株式を配当還元方式で評価するよりも時価純資産価額方式（法人税等相当額を控除しない。）による方が適切であることを認識していたものということができ、A 社の100％出資の子会社である D 社も同様の認識であったと推認することができる。したがって、テレビ F 株式を配当還元方式で評価すると著しく不合理な結果を生じさせて課税上の弊害をもたらすということができ、そして、テレビ F 株式は非上場株式であり、気配相場や独立当事者間の適当な売買実例がなく、その公開の途上になく、同社と事業の種類や収益の状況等において類似する法人がなかったから、同社の株式は時価純資産価額方式によって評価するのが相当である。

（注）　平成12年 6 月28日課法 2 - 7 による改正により、法人税の課税における 1 株当たりの純資産価額の評価においては、法人税額等相当額を控除しないことが定められた（旧法通 9 - 1 -14(3)）。

5.2　B 税務署長の主張の変遷について

民事訴訟法第157条第 1 項は、次の通り規定している。

（時機に後れた攻撃防御方法の却下等）
民事訴訟法第157条
1　当事者が故意又は重大な過失により時機に後れて提出した攻撃又は防御の
　方法については、これにより訴訟の完結を遅延させることとなると認めたと
　きは、裁判所は、申立てにより又は職権で、却下の決定をすることができる。
2　（略）

B 税務署長は、本件各処分の適法性の根拠として、第 1 審（平成12年 3 月訴
訟提起）において、当初、同族会社における行為計算の否認（法法132）を主張
し、その後、第 6 回口頭弁論期日（平成13年 7 月30日）に、無償による資産の
譲渡等（法法22②）を主張するに至ったが、A 社は、法人税法第22条第 2 項の
適用に係る B 税務署長の主張が「時機に遅れた攻撃防御方法」（民訴157①）と
して却下されるべきである旨主張した。

この点について、第 1 審判決は、「本件においては、新たな主張がされたた
めに新たな証拠調べを必要とするものではなかったこと、これに対して A 社
が速やかに対応したことによって、結果的にみても……B 税務署長の主位的主
張の記載された準備書面が陳述された本件第 6 回口頭弁論期日において本件の
弁論が終結されており、A 社代理人らに多大の負担をかけたことはともかく
として、本件訴訟の進行を遅延させるには至らなかったことの各事実も当裁判
所に顕著な事実であり、これらの事情にかんがみれば、B 税務署長の主位的主
張については、民事訴訟法157条 1 項が時機に遅れた攻撃防御方法の却下の要
件として定める『これにより訴訟の完結を遅延させることとなる』ものとは認
められないというべきである」と、差戻前控訴審判決は、「本件両処分の前提
となるべき重要な位置を占める対象事実が当初から明らかとなっている本件の
審理経過に鑑みると、B 税務署長による法22条 2 項に基づく課税の主張は、本

件訴訟の完結を遅延させるものでなく、時機に後れた攻撃防御方法には当たらない」とそれぞれ判示し、A社の上記主張を排斥している。

5.3　法人税法132条の適用の可否について

法人税法第132条第1項は、次の通り規定している。

（同族会社等の行為又は計算の否認）
法人税法第132条
1　税務署長は、次に掲げる法人に係る法人税につき更正又は決定をする場合において、その法人の行為又は計算で、これを容認した場合には法人税の負担を不当に減少させる結果となると認められるものがあるときは、その行為又は計算にかかわらず、税務署長の認めるところにより、その法人に係る法人税の課税標準若しくは欠損金額又は法人税の額を計算することができる。
　一・二　（略）
2・3　（略）

第1審において、B税務署長は、同族会社の行為計算の否認（法法132）に関して、「無償で自己の資産の減少となる本件決議を行い、対価を受領等しなかったA社の行為」が不自然、不合理な行為形態であるとして否認し、「Eファンド社から少なくとも減失価値相当額に見合う対価を受領するか、Eファンド社からD社に対し増資対価を払い込ませる」のが普通採ったであろう行為計算であると認めて法人税を課した旨主張した。

これに対して、第1審判決は、B税務署長の主張する「普通採ったであろう行為計算」のうち、「Eファンド社からD社に対し増資対価を払い込ませる」行為計算を選択した場合の課税関係と、現に行われた行為形態の課税関係とを **表2** の通り比較した上で、「現にされた行為は、普通採ったであろう行為計算のうちのひとつと比較した場合において、何ら法人税を減少させるものではないのであるから、他に想定される普通採ったであろう行為計算との比較いかんにかかわらず、これを容認したとしても法人税の負担を不当に減少させる結

果となるとは認め難く、法132条適用の前提条件を欠くものである」と判示し、法人税法第132条の適用に係るB税務署長の主張を排斥している。

表2

Eファンド社からD社に対し増資対価を払い込ませる行為計算を選択した場合の課税関係	D社に発行される新株の実質的価値に見合う価額が払い込まれるから、A社については資産の増減がなく、Eファンド社も支払った対価に見合う価値の新株を取得した以上は、その資産に増減はないから、両者ともに益金は生じず、法人税は課されない。D社については増資によって資産が増加するが、これは資本等取引に基づくものであるから、益金には当たらず、やはり法人税は課されない。
現に行われた行為形態の課税関係	Eファンド社については、本来多額の価値のある新株を極めて低廉な価格で取得したのであるから、その差額は益金となり、仮に同社が内国法人であれば当然に法人税が課されるにもかかわらず、同社が外国法人であるため我が国の課税権が及ばないにすぎない。

　なお、B税務署長の主張する「普通採ったであろう行為計算」のうち、「Eファンド社から少なくとも減失価値相当額に見合う対価を受領する」との行為形態については、そのような行為形態が自然であるとも言い難く、このような対価を要求するのであれば、時価発行という法形式を採用すれば足りると考えられる[10]。

> 🔍 **参考**
>
> 　金子名誉教授は、「〔法人税〕法が取引という用語を簿記会計におけるように法的取引以外の行為や事実を広く含む意味で用いているとは思われない。……本件の一連の行為は、〔A社〕グループの租税回避を目的とした組織上のアレンジメントであって、損益取引には当たらないのではなかろうか。その意味で、〔上告審〕判決の『取引』という用語の解釈は一種の拡大解釈であると考える。……本件の解決としては、法人税法132条の適用の有無の問題として争う方がオーソドックスであったと思われる[11]」（〔〕内筆者）と述べておられる。

---

10)　大淵・前掲注2）41頁

5.4　法人税法22条 2 項にいう「取引」について

法人税法第22条第 2 項は、次の通り規定している。

法人税法第22条

1 　（略）

2 　内国法人の各事業年度の所得の金額の計算上当該事業年度の益金の額に算入すべき金額は、別段の定めがあるものを除き、資産の販売、有償又は無償による資産の譲渡又は役務の提供、無償による資産の譲受けその他の取引で資本等取引以外のものに係る当該事業年度の収益の額とする。

3 ～ 5 　（略）

上告審判決は、「A 社の保有する D 社株式に表章された同社の資産価値については、A 社が支配し、処分することができる利益として明確に認めることができる」、「A 社が、D 社の唯一の株主の立場において、同社に発行済株式総数の15倍の新株を著しく有利な価額で発行させたのは、A 社の D 社に対する持株割合を100％から6.25％に減少させ、E ファンド社の持株割合を93.75％とすることによって、D 社株式200株に表章されていた同社の資産価値の相当部分を対価を得ることなく E ファンド社に移転させることを意図したものということができる。また、……上記の新株発行は、A 社、D 社、E ファンド社及び財団法人 H 文化財団の各役員が意思を相通じて行ったというのであるから、E ファンド社においても、上記の事情を十分に了解した上で、上記の資産価値の移転を受けたものということができる」、「この資産価値の移転は、A 社の支配の及ばない外的要因によって生じたものではなく、A 社において意図し、かつ、E ファンド社において了解したところが実現したものということができるから、法人税法22条 2 項にいう取引に当たるというべきである」と判示している。

---

11)　金子宏「租税法解釈論序説」『租税法と市場』24頁（有斐閣、2014)

　上告審判決は、「取引」の当事者を A 社（既存株主）と E ファンド社（新株主）と見て、両者の合意に基づき、D 社（発行法人）の資産価値が A 社（既存株主）から E ファンド社（新株主）に移転したと見て、旧株主に対する寄附金課税を是認したものと解される。

　これに対して、発行会社と株式引受人との間の私法上の契約関係に基づいて、両者の間に「取引」を認定し、株式引受人に当該「取引」に関係した基因から収益が生じているとして、株式引受人に対する受贈益課税を是認した例として、東京高裁平成22年12月15日判決（以下「平成22年判決」という。）がある。

東京高判平22・12・15

（事案の概要）

　本件は、自動車の完成品や組立部品の輸出及び海外での販売事業等を行っている A 社が、タイにおいて上記販売事業を行う関連会社であるタイ法人 2 社（C 社及び D 社）が発行した株式（以下「本件 2 社株」という。）を額面価額で引き受けたことについて、甲税務署長が、本件 2 社株が法人税法施行令（平成18年政令第125号による改正前のもの。）第119条第 1 項第 3 号所定の有利発行の有価証券に当たり、その引受価額と時価との差額相当分の利益が生じていたなどとして、法人税の更正処分等をした事案である（次図は、C 社株引受時のものである。）。

■増資前

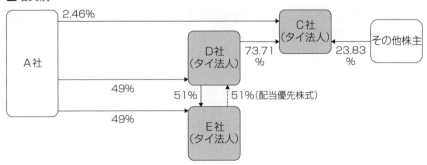

■増資後

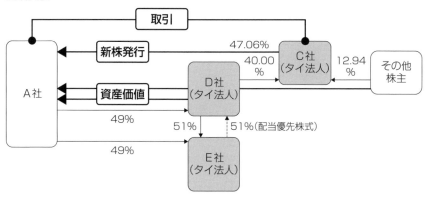

（出典：国税庁HP「税務訴訟資料」を一部加工）

（判決の要旨）

A社は、最高裁平成18年1月24日判決を引用し、旧株主から新株主への資産価値の移転が問題となる新株引受けにおいては、原則として旧株主と新株主との間に「取引」の存在を認めることはできず、旧株主と新株主との間で株式に表章された資産価値（含み益）を移転させるという「関係者間の意思の合致」が認められる場合に限り、法人税法第22条第2項が適用されるとした上、そのような要件が認められない本件各株式の引受けについては同条項が適用されない旨主張する。

しかし、本件のような新株の発行においては、そもそもA社による現金の払込みと、その金額を超える時価の新株の取得という「取引」が存在しているのであり、法人税法第22条第2項が、「取引に係る収益の額」と規定し、「取引による収益の額」としていないのは、取引自体から生ずる収益だけでなく、取引に関係した基因から生ずる収益を含む意味であるから、発行会社と新株主との間に経済的利益の移転がない場合であっても、有利発行により経済的利益を得ていれば、当該収益が益金を構成することになる。そうすると、A社が本件2社株を取得する取引によって、A社に対し当該取引に関係した基因から収益が生じていれば、当該収益はA社の益金の額を構成することになる。

なお、本件においては、A社が、その子会社等から新株を引き受けたものであるところ、A社の取得価額が株式の適正価額より低額であったことから、株式を引き受けた旧株主であるA社と発行会社との間の取引に関係した基因により、A社について受贈益課税の対象となる利益が生じているか否かが問題となっているのに対し、最高裁平成18年1月24日判決の事案は、株式を引き受けていない旧株主に寄附

金課税をする上で、当該旧株主と発行会社との関係においてではなく、当該旧株主と新株主との間の関係における資産価値の移転を問題とした事案であるから、両者の事案は異なっており、本件においても、株式を引き受けていない旧株主と発行会社〔文脈から「株式を引き受けた旧株主」の誤記と思われる〕との関係において取引を構成しなければならない必要は全くない。そうすると、本件のような受贈益課税と最高裁平成18年1月24日判決の事案のような寄附金課税とにより、益金を発生させる取引が異なることは当然であり、これが異なることを問題視するA社の主張は、理由がない。

＊　　　　　　＊　　　　　　＊

　平成22年判決は、「旧株主と新株主との間で株式に表章された資産価値（含み益）を移転させるという『関係者間の意思の合致』が認められる場合に限り、法人税法第22条第2項が適用される」とする納税者の主張を排斥しているが、上告審判決は、旧株主と新株主との間の合意を認定し、両者の間に「取引」を擬制し、旧株主に寄附金課税をした事案であるのに対して、平成22年判決は、発行会社と株式引受人との間の私法上の契約関係に基づいて、両者の間に「取引」を認定し、当該「取引」に関係した基因から生じた収益について、株式引受人に対して受贈益課税をした事案であり、この点で、両者は事案を異にする。

参考

　上告審判決の「この資産価値の移転は、A社の支配の及ばない外的要因によって生じたものではなく、A社において意図し、かつ、Eファンド社において了解したところが実現したものということができるから、法人税法22条2項にいう取引に当たるというべきである」との判示については、異なる2つの見解がある。

1　十分条件説

　　この記述は、構文としては、①資産価値の移転が既存株主の支配の及ばない外的要因によって生じたものではないことと、②既存株主において意図し、かつ、新株主において了解したところが実現したことの両者が満たされることを、「取引」とされるための十分条件としているに過ぎない[12]。最高裁

がこのように考えているということであれば、法人税法第22条第2項が適用される外延は、未だ不明確ということになる[13]。

2 必要条件説

　私法上の取引がない場合に法人税法第22条第2項を適用して未実現のキャピタル・ゲインに課税することが認められるための必要条件として、①資産の価値の移転が既存株主の支配の及ばない外的要因によって生じたものではないこと及び②当該価値の移転が既存株主において意図し、かつ、引受人において了解したものであることを要求している[14]。最高裁がこのように考えているということであれば、同項の適用には判例上一定の歯止めが掛けられていると解されることになる[15]。

5.5　上告審判決の意義及び射程について

　上告審判決の意義について、太田弁護士は、「本判決は、いわゆる有利発行がなされた場合に、資産価値の移転は発行会社から引受人に対してなされたものと見るのか（発行会社説）、それとも引受人以外の同社の既存株主……から引受人に対してなされたものと見るのか（既存株主説）という問題について、既存株主説の立場を初めて明確に採用し、有利発行をめぐる課税問題についての議論を大きく進展させた[16]」と述べておられる。

　また、上告審判決の射程については見解が分かれているが、同判決は、法人税法第22条第2項にいう「取引」について、私法上の契約関係がない場合でも、当事者の意思解釈や支配の及ぶ範囲によっては、その存在を擬制し、同項を根拠規定として、所得を認定し得ることを示した事例であるといえる。もっとも、差戻後控訴審判決は、「本件増資は、旧株主と新株主の持株割合を1対15、出資比率を99対1とし、無償で資産の譲渡を行うものであって、経済的合

---

12)　岡村・前掲注1）278-279頁
13)　太田ほか・前掲注6）349-350頁
14)　太田洋「判批」中里実ほか編『租税判例百選［第6版］』101頁（2016）
15)　太田ほか・前掲注6）349頁
16)　太田・前掲注14）101頁

理性を欠き、資金調達のための新株の有利発行と異なる」と指摘しており、経済合理性のある、通常の資金調達のための新株の有利発行は、上告審判決の射程外とされるべきであろう。

参考

1　金子名誉教授は、「〔法人税法第22条第2項〕にいう取引は法的取引を意味していると解すべきであるが、最高裁平成18年1月24日……判決……は、取引の意義をそれよりも広く解し、子会社に対する支配力ないし影響力の行使をもそれに含めている。この判決が、どれだけの先例性をもっているかは別として、実際上は先例として適用されることもありうると思われるが、その場合にこの解釈を無条件に拡大して適用することには慎重でなければならないと考える[17]」（〔〕内筆者）と述べておられる。

2　中里教授は、差戻前控訴審判決についてではあるが、「従来の事実認定による「否認」（すなわち、……契約が私法上不存在・無効である場合に、それを前提として課税関係を考えるというもの）を超えた、別次元のものなのではなかろうか。すなわち、この東京高裁判決においては、……個別の契約を超えた『合意』というものが認定ないし擬制されており、それにもとづいて課税関係が構築されている[18]」、「東京高裁判決が、『合意の認定・犠制による「否認」』とも呼ぶべき新たな考え方を採用したものであるとしても、そのような考え方は、実際には裁判所においてそれほど容易に認められたわけではなかろう。……このような問題については、終局的には、裁判等における事例の蓄積を待つしかないのかもしれない[19]」と述べておられる。

3　大淵名誉教授は、「収益・費用（損失）及び資産・負債・資本の取引の5要素の発生・変更・消滅を生じさせる事実が仕訳の対象となる『簿記上の取引』であり……法人税法22条2項の『その他の取引』の『取引』の概念が簿記会計上の借用概念である以上、有利発行による発行法人の所有株式の経済的価値の喪失は『取引』に該当しないと解するべきである[20]」と述べておられる。

4　作田税務大学校（元）研究部長は、「いわゆる『タックス・ヘイブン課税』

17)　金子宏『租税法　第23版』340頁（弘文堂、2019）
18)　中里実「『租税法と私法』論再考」『税研』114号79頁
19)　中里・前掲注18）81頁
20)　大淵・前掲注2）47-48頁

も含め、株式の譲渡益（当初現物出資時の圧縮額を含む）について日本で課税されない形となっていた事件といえる[21]」として、認定事実以外の事実にも言及した上で、「本事件は、関係者間の関係が特殊であり、本判決はそうした事実の下で、関係者間の『合意』の認定を行っているという意味で、事例判決であると言えようが、第三者割当増資を介した資産価値の株主間の移転に対し、それが未計上か否かに関わらず、『合意』に基づく場合には『取引』に当たり、収益計上すべきであり、損益取引として課税され得ることを示した点に大きな意義がある判決であると考えられる[22]」と述べておられる。

---

21)　作田隆史「第三者割当増資による株主間の持分の移転についての課税上の取扱いについて」税大ジャーナル 4 号117頁（2006）

22)　作田・前掲注21) 116頁

事例 2

有利発行と株式引受人に対する受贈益課税

第　1　審：東京地裁平成25年（行ウ）第822号　平成27年9月29日判決
控　訴　審：東京高裁平成27年（行コ）第371号　平成28年3月24日判決

事案の概要

　本件は、A社が、タイに所在するA社の関連法人であるB社が平成19年3月に発行した新株（以下「本件株式」という。）を額面価額で引き受け、その払込金額を本件株式の取得価額に計上して平成19年3月期の法人税の確定申告をしたところ、課税庁が、本件株式は法人税法施行令第119条第1項第4号に規定する有価証券（以下「有利発行有価証券」という。）に該当し、本件株式の取得価額はその取得のために通常要する価額となるから、当該価額と払込価額との差額は受贈益として益金の額に算入すべきであるなどとして法人税の更正処分（以下「本件更正処分」という。）及び過少申告加算税の賦課決定処分（以下、本件更正処分と併せて「本件更正処分等」という。）をしたのに対し、A社が本件株式は有利発行有価証券に該当しないなどとして、本件更正処分等の一部の取消しを求める事案である。

② 前提事実

2.1　当事者等

⑴　A 社は、鉄鋼、鉄鋼原料、非鉄金属、機械、溶接材料等の国内取引及び輸出入業等を目的とする内国法人である。

⑵　B 社は、タイにおいて、A 社を中核とする○○○○グループの製品の販売や資材の供給等の輸出入や国内販売等を行うため、タイ国民商法典に基づき、昭和63年 5 月○日、 1 株当たりの発行価額1,000バーツ、株式数2,500株の非公開会社として設立された法人である。

2.2　B 社設立後の増資の概要

⑴　平成 4 年の増資

①　B 社は、平成 4 年 8 月、増資を行い（以下「平成 4 年増資」という。）、既存株主に対して、株式 1 万株を 1 株当たり額面価額1,000バーツで発行することを決定した。

②　A 社は、平成 4 年 8 月、B 社の上記株式2,900株を引き受け、B 社に対して、当該株式の払込価額として、 1 株当たり1,000バーツとして合計290万バーツを支払った。

③　この増資により B 社の発行済総株式数は 1 万2,500株となった。

⑵　平成19年の増資

①　タイ国民商法典によれば、株式会社の増資は特別決議事項とされ、特別決議を要する場合は、一定期間内に株主総会を連続 2 回開催して各総会で決議をすることが必要であるところ、平成19年 2 月19日及び同年 3 月16日に開催された B 社の臨時株主総会において、普通株式28万7,500株（本件

株式）を1株当たり額面価額1,000バーツで発行することとされ、本件株式の当初の払込価額は1株当たり額面の25%である250バーツとすることが決定された。なお、タイ国民商法典では、「金銭により支払われるべき株式について株式募集書に従い規定された額の100分の25を下回らない範囲で払い込ませるものとする。」と規定されている。

②　B社は、同社の各株主が保有する株式数に応じて本件株式28万7,500株の引受けの募集を行ったところ、A社以外の株主に割り当てられた新株は、引受けがなかった。

③　A社は、平成19年3月27日、本件株式28万7,500株を全て引き受け、B社に対して、払込価額として上記25%分に相当する7,187万5,000バーツを支払い、B社の普通株式28万7,500株を取得した（以下「本件増資」という。）。なお、A社は、本件株式について、上記支払額以上の払込みをしていない。

④　この増資により、B社の発行済総株式数は30万株となった。

(3) B社の株主の変遷

①　B社の株主の変遷は、 表1 記載の通りであり、A社は、B社設立時から平成4年増資までの間は、B社の発行済株式2,500株のうち、725株（全株式の29%）を自己名義で保有し、A社の従業員2名の名義（ 表1 の②「乙」及び③「丙」名義）で保有していた株式を併せると、1,225株（全株式の49%）を保有していた。

②　A社は、平成4年増資から本件増資までの間は、B社の発行済株式1万2,500株のうち、3,625株（全株式の29%）を自己名義で保有し、A社の従業員の名義（ 表1 の③「丙」、⑨「丁」、⑩「戊」、⑭「D」名義）で保有していた株式を併せると、6,125株（全株式の49%）を保有していた。

（本件増資前）

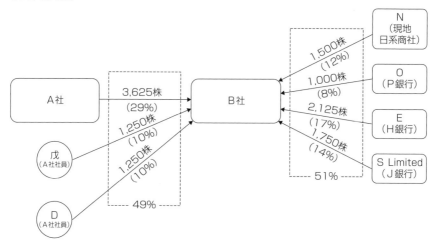

③　A 社は、本件増資の結果、B 社の発行済株式30万株のうち、29万1,125
株（全株式の97.0％）を保有することとなった（A 社の従業員の名義
（**表1**の⑩「戊」、⑭「D」名義）で保有していた株式を併せると、29万3,625
株（全株式の約97.9％）を保有することとなった。）。

（本件増資後）

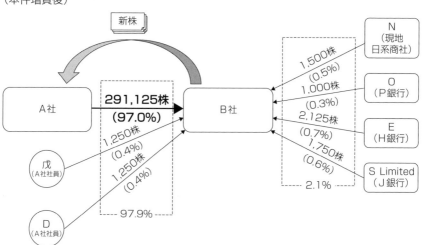

④　なお、タイでは、外国人事業法等により、タイ人及びタイ法人以外の企業が発行済株式数の50％以上を保有している企業は、参入できる業種が制限されていたが、平成11年に同法が改正され、平成12年から、タイ人及びタイ法人以外の企業が発行済株式数の50％以上を保有している企業であっても、資本金を一定額以上とすれば、参入できる業種が制限されないこととなったものである。

参考

　タイにおいては、公開会社については、公開会社法において第三者割当ての規定が設けられているものの、私的会社については、民商法上、株主割当ての規定しか設けられていないため、私的会社が第三者割当てと同様の効果を生じさせるためには、まず、新たに株主となろうとする者が既存株主から1株以上の株式を譲り受け、次に、その他の株主に新株を引き受ける権利をあらかじめ放棄させた上で、株主割当てを行うことが必要となるとされている[1]。本件にあっては、A社は、既に株主であったことから、A社以外の株主に新株を引き受ける権利をあらかじめ放棄させた上で、株主割当てを行ったものと考えられる。

1）　三菱東京 UFJ 銀行国際業務部「BTMU Global Business Insight Asia & Oceania March 7, 2014」2頁（2014）

表1

(単位：株)

株主	1988年(昭和63年)	1989年(平成元年)5月	1992年(平成4年)8月	1993年(平成5年)6月	1998年(平成10年)11月 増資	2002年(平成14年)6月	2004年(平成16年)1月	2006年(平成18年)1月	2007年(平成19年)3月 増資
		名義変更⑤→⑧	名義変更②→⑨	名義変更③→⑩	名義変更⑥→⑪ ⑥→⑪ ⑦→⑪	名義変更④→⑬ ⑨→⑭	名義変更⑧→⑮	名義変更⑮→⑯	
① A	725	725	3,625	3,625	3,625	3,625	3,625	3,625	291,125
② 乙(A社員)	250	250							
③ 丙(A社員)	250	250	1,250						
④ G Co., Ltd.(H銀行)	425	425	2,125	2,125	2,125				
⑤ I Co., Ltd.(J銀行)	350								
⑥ K Co., Ltd.(現地日系会社)	250	250	1,250	1,250					
⑦ L(タイ個人)	250	250	1,250	1,250					
⑧ M Co., Ltd.(J銀行)		350	1,750	1,750	1,750	1,750			
⑨ 丁(A社員)			1,250	1,250	1,250				
⑩ 戊(A社員)				1,250	1,250	1,250	1,250	1,250	1,250
⑪ N(現地日系商社)					1,500	1,500	1,500	1,500	1,500
⑫ O(P銀行)					1,000	1,000	1,000	1,000	1,000
⑬ E(H銀行)						2,125	2,125	2,125	2,125
⑭ D(A社員)						1,250	1,250	1,250	1,250
⑮ R Limited(J銀行)							1,750		
⑯ S Limited(J銀行)								1,750	1,750
	2,500	2,500	12,500	12,500	12,500	12,500	12,500	12,500	300,000

(出典：第1審判決書別紙2を一部加工)

③ 本件更正処分の根拠

3.1　本件株式の取得に通常要する価額の算定

(1)　課税庁は、法人が株式を引き受けた場合の収益の額を算定するに際して株式の価額の算定方法について定めた規定は存在しないが、有価証券の譲渡損益の算定方法について定めた法人税法第61条の 2 が存在することから、同規定によって株式引受けに係る株式の時価を算定するのが合理的であるとした上、同条第23項（現　第24項）が、有価証券の 1 単位当たりの帳簿価額の算出の基礎となる取得価額の算出方法等について必要な事項は政令で定める旨規定し、これを受けた法人税法施行令第119条第 1 項第 4 号が、有利発行有価証券は、その取得の時におけるその有価証券の取得のために通常要する価額をもって取得価額とするとしていることを踏まえ、本件株式の取得のために通常要する価額を算定することとした。

(2)　課税庁は、本件株式が、上場されておらず、売買された実例も認められない上、Ｂ社は、タイにおいて設立された法人であり、我が国において事業の種類、規模、収益の状況等が類似する法人も存在しないから、本件株式の取得の時におけるその取得のために通常要する価額の算定方法については、法人税基本通達 4 - 1 - 5 (4)を準用し、本件株式の発行価額決定日に最も近接した時期に作成された財務諸表の数値を用いるのが合理的であるとした。なお、控訴審判決説示のとおり、本件株式については、「払い込むべき金銭の額又は給付すべき金銭以外の資産の額を定める時」における取得のために通常要する価額と「取得の時」における取得のために通常要する価額とが相違する特段の事情があるとはうかがわれない。

(3)　課税庁は、本件株式の発行価額決定日は、本件株式の発行が決定されたＢ社の臨時株主総会の開催日である平成19年 3 月16日であるから、Ｂ社の財務諸表のうち、本件株式の発行を決定した同日の前で最も近接した時期に作

成されたものと認められる B 社の平成18年12月期の財務諸表を基にして、B 社株式の 1 株当たりの純資産価額の算定を行うのが相当であるとした上、平成18年12月期の財務諸表上、B 社株式の 1 株当たりの純資産価額は、B 社の純資産価額 4 億577万3,458バーツを本件株式の発行価額決定日時点における発行済株式総数 1 万2,500株で割った 3 万2,461バーツと算定されるから、これが発行価額決定日時点の現況における B 社の株式の 1 株当たりの価額と認めたものである。

3.2　本件株式が有利発行有価証券に該当するか否かの判定

(1)　本件では、B 社の臨時株主総会において、普通株式28万7,500株（本件株式）を 1 株当たり額面価額1,000バーツで発行することとされ、本件株式の当初の払込価額は 1 株当たり額面の25％である250バーツとすることが決定され、A 社は、平成19年 3 月27日、B 社に払込価額7,187万5,000バーツ（ 1 株当たり250バーツ）を支払い、B 社の普通株式28万7,500株を取得している。

(2)　課税庁は、上記*3.1*の(3)の通り算出した本件株式の取得に通常要する価額である 3 万2,461バーツと、本件株式 1 株当たりの払込価額である250バーツとを比較し、その差額が本件株式の価額の10％相当額以上であり、本件株式を有利発行有価証券に該当するとして、本件更正処分をした。

4 争点

(1)　本件株式の取得に通常要する価額として算定された価額と本件株式の払込価額を比較して本件株式を有利発行有価証券に該当するとしたことの適否

(2)　法人税法施行令第119条第 1 項第 4 号及び法人税基本通達 2 - 3 - 8 の定めに照らして本件株式を有利発行有価証券でないとすべき事情の有無

5 裁判所の判断

5.1 争点 1（本件株式の取得に通常要する価額として算定された価額と本件株式の払込価額を比較して本件株式を有利発行有価証券に該当するとしたことの適否）

第 1 審判決

法人税基本通達 2 - 3 - 7 は、その本文において、法人税法施行令第119条第 1 項第 4 号に規定する「払い込むべき金銭の額又は給付すべき金銭以外の資産の価額を定める時における有価証券の取得のために通常要する価額に比して有利な金額」とは払込金額等を決定する日の現況における当該発行法人の株式の価額に比して社会通念上相当と認められる価額を下回る価額をいうものとし、その（注）2 において、払込金額等を決定する日の現況における当該株式の価額とは、決定日の価額のみをいうのではなく、決定日前 1 か月間の平均株価等、払込金額等を決定するための基礎として相当と認められる価額をいうとしている。これは、上場株式の場合、平均株価のほか、最近における株価の変動が著しく異常な要素が入っている場合には、その異常性を排除した通常安定株価を算定してこれを基礎とした上で、払込金額等を決定する日の現況における当該株式の価額を算定し、これを有利発行の判断の基礎とすることを認める趣旨と解されるところであり、その定めは合理的なものといえる。この点、本件株式については、その発行価額決定日に最も近接した時期に作成された財務諸表の数値を用いて算出された 1 株当たりの純資産価額により、払込金額等を決定する日の現況における当該株式の価額を算定したといえるのであるが、本件株式が、上場されていないことに照らすと、上記（注）2 が挙げるような諸事情を勘案する必要性があるとはいえず、上記算定の手法は合理的なものというべきである。

また、法人税基本通達 2 - 3 - 7 は、その（注）1 において、社会通念上相当と認められる価額を下回るかどうかは、当該株式の価額と払込金額等の差額が

当該株式の価額のおおむね10％相当額以上であるかどうかにより判定するとしているが、これは、株式の証券取引所への新規上場の場合における払込金額等をも考慮したものと解されるところであり、その定めは合理的なものといえる。本件株式についても、上記の通り算出された株式の価額と払込金額との差額が同価額の10％相当額以上（計算によれば99％超）であることから、課税庁においては、有利発行有価証券に該当すると判断したのであり、その判断過程は合理的なものといえる。

　以上検討したところによれば、課税庁が、本件株式を有利発行有価証券に該当すると判断したことについて瑕疵はないというべきである。

5.2　争点２（法人税法施行令119条１項４号及び法人税基本通達２-３-８の定めに照らして本件株式を有利発行有価証券でないとすべき事情の有無）

第１審判決

⑴　A社は、A社以外の株主が有する株式は、株主間契約によって、A社が有する株式との関係で、法人税基本通達２-３-８にいう内容の異なる株式となっており、同契約が適用される結果、本件増資はA社以外の株主に損害を及ぼすおそれがないから、本件株式は有利発行有価証券に該当しない旨主張するので、以下、検討する。

　①　まず、法人税法施行令第119条第１項第４号が定められるに至る経緯についてみると、平成18年政令第125号による改正前においては、法人税法施行令第119条第１項第３号が、「有利な発行価額で新株その他これに準ずるものが発行された場合における当該発行に係る払込みにより取得をした有価証券（株主等として取得をしたものを除く。）」につき、その有価証券の当該払込みに係る期日における価額をもって取得価額とする旨定めていたものである。同号が、「株主等として取得をしたもの」を有利発行有価証券から除く旨定めたのは、それが株主等として取得をしたものであって、他の株主に対しても株式が平等に与えられている場合には、株主間の経済的な衡平が図られており、そのような場合、時価と払込価額の差額による

利益と既存保有株式の希薄化による損失が等しいと考えられることから、有利発行有価証券に当たるものとはしないこととしたものと解される。その後、上記改正により、有利発行に係る定めは第119条第1項第4号に規定されることとなり、上記「株主等として取得をしたものを除く」に代えて「他の株主等に損害を及ぼすおそれがないと認められる場合」には有利発行有価証券に当たらない旨が定められたのであるが、規定内容がこのように変更されたのは、会社法の制定による種類株式の多様化に伴い、従前の「株主等として取得したものを除く」の内容を、より明確化する趣旨に出たものであって、株主間の平等に着目した上記の考え方を変更するものではなかったと解される。このことは、上記改正に係る解説の内容から明らかであるし、また、法人税基本通達2－3－8が、「他の株主等に損害を及ぼすおそれがないと認められる場合」とは、株主等である法人が有する株式の内容及び数に応じて株式又は新株予約権が平等に与えられ、かつ、その株主等とその内容の異なる株式を有する株主等との間においても経済的な衡平が維持される場合をいう旨定めており、その中で株主間の経済的な衡平の維持に着目していることなどからも裏付けられるところである。

②　上記改正経緯に照らせば、上記通達にいう内容の異なる株式とは、種類株式のことを指すものと解される。そして、タイ国民商法典においては、普通株式のほか優先株式も発行することができるところ、B社では、付属定款において、発行する全ての株式が記名普通株式であると定められ、全ての株式に譲渡制限が付され、議決権も「株式1株につき決議権1個」と規定されている。したがって、B社の発行する株式は、A社の有する株式もA社以外の株主が有する株式もいずれも譲渡制限が付され、株式1株につき決議権1個が与えられた記名普通株式である。そうすると、A社以外の株主の有する株式が内容の異なる株式に当たるとはいえない。

(2)　この点、A社は、A社以外の株主が有する株式は、株主間の契約により、B社が清算手続等に入った場合など一定の場合にはA社が取得価額により買い取ることが保証されており、B社の業績に関係なくA社から一定の支払いを受けるとして経済的実質が確保され、その代わり配当受領権を放

棄するとされている上、B社の実質的な親会社であるA社の意向に反した
第三者への譲渡も制限されており、A社の有する株式と内容を異にするも
のである旨主張する。

　しかしながら、A社が上記主張の根拠とするのは、株主間契約であっ
て、当該契約は、B社と株主との権利義務関係を拘束するものではないし、
まして、株式の内容自体を変えるものではない。また、A社以外の株主が
A社の意向に反した第三者へその株式を譲渡することはできないという制
限も、事実上の制約にすぎない。A社が主張する上記差異が存在するとは
いっても、それはA社がB社の実質的な親会社である場合に限り事実上存
在するものにすぎないし、さらにいえば親会社たるA社の意向いかんに
よって変動し得る流動的なものといわざるを得ない。すなわち、株主間契約
とは別に、B社がA社の意向を受けて株主間合意と実質的に異なる内容で
A社以外の株主との間で株式の買取りをしたり、利益配当をしたりするこ
とが不可能と認めるべき事情はなく、事実、A社は、A社以外の株主であ
るE・リミテッド及びF株式会社との間で、それぞれ、その保有するB社
株式を額面額で買い取る旨約定していたにもかかわらず、平成19年12月末現
在のB社の財務諸表の純資産価額を用いてB社株式の1株当たりの時価を
算定し、E・リミテッド及びF株式会社から、この時価で購入しているので
ある。

　そうすると、仮にA社が主張するように同種株式であっても事情のいか
んによれば内容の異なる株式に当たる余地があるとの見解に立ったとして
も、上記の通り、A社が挙げる株主間契約による差異は、株式の内容とは
直接関係しない株主同士の個別契約によるものであって、それにより生じる
差異は事実上のものであり、かつ流動的なものに過ぎないのであるから、こ
れらの事情があることをもって、A社以外の株主の株式がA社の株式と内
容の異なる株式に当たるということはできない。

(3)　付言するに、A社の主張は、A社以外の株主の利益が株主間契約によっ
て保護されており、本件増資によっても保護された利益を失うことはないの
であるから、A社以外の株主に損害を及ぼすおそれがないという趣旨のも

のと解される。

　　しかしながら、上記(1)の①で見た通り、法人税法施行令第119条第1項第4号にいう「他の株主等に損害を及ぼすおそれがないと認められる場合」は、株主間の経済的な衡平が維持されているか否かに着目して解釈されるべきところ、本件増資によって、A社が得る株主としての権利は増資前に比して格段に大きなものになるという利益を得るのに対し、A社以外の株主はかかる利益を何ら得るところがないのであるから、「他の株主等に損害を及ぼすおそれがないと認められる場合」に当たらないのは明らかというべきであり、かかる観点からすれば、A社以外の株主の株式が内容の異なる株式に当たるか否かについて論じるまでもなく、A社の主張は採用できないものといえるところである。

(4)　また、A社は、仮にA社が有する株式とA社以外の株主が有する株式が同種の株式であったとしても、本件増資に際し、A社のみならず全株主に対してその保有していたB社株式の数に応じて同種の新株を額面金額で引き受ける権利が付与されたにもかかわらず、A社以外の株主が自らその新株の引受けを拒絶した結果、A社のみが新株を引き受けることになったものであるから、本件増資は、法人税基本通達2-3-8が有利発行に当たらない場合として定める「株主等である法人が有する株式の内容及び数に応じて株式又は新株予約権が平等に与えられ」た場合に該当する旨主張する。

　　しかしながら、法人税法施行令第119条第1項第4号にいう「他の株主等に損害を及ぼすおそれがないと認められる場合」は、株主間の経済的な衡平が維持されているか否かに着目して解釈されるべきであり、本件増資によって、A社とそれ以外の株主との間で経済的な衡平が維持されない状態になったのは、上記(3)で述べた通りであり、かかる状態が生じたことはA社以外の株主にも株式の割当てを受ける権利が与えられたことによって左右されず、したがって、本件株式が有利発行有価証券に当たるという結論も左右されないものというべきである。

(5)　また、A社は、株主全員に株式の割当てを受ける権利が与えられたが、一部の株主が引き受けなかった場合、引受けをした株主の株式につき有利発

行有価証券とは取り扱わないのが課税実務の運用であった旨主張する。

　A社が主張する運用がいかなる事案についていかなる認定判断に基づく運用例を踏まえたものかは主張上も証拠上も明らかではないが、本件では、本件増資前には発行済株式の51％を有していた他の株主が一切株式の割当てを受ける権利を行使せず、他方、発行済株式の29％（A社の従業員名義のものを加えても49％）しか有しなかったA社において、株式の価額よりも著しく低い引受価額によりこれを全て引き受けたことによって、A社が発行済株式の97.0％（A社の従業員名義のものを加えると97.9％）以上を有するに至ったものであり、本件増資により、それまでの両者間の株主としての経済的な衡平が維持されなくなったのは明らかであるから、これが有利発行有価証券に当たるとする上記判断は左右されないものというべきである。

5.3　控訴審におけるA社の主張について

控訴審判決

⑴　A社は、法人税法施行令第119条第1項第4号において「判定の時価」と「計算の時価」が定められているところ、「判定の時価」の算定に当たっては、上場されておらず、売買実例のない株式についても、法人税基本通達2-3-7の（注）2が挙げるような諸事情を勘案する必要があり、B社が発行する株式は、譲渡制限が付されているものの、本件増資以前に多くの売買実例が存在することから、課税庁は上記諸事情を勘案して「判定の時価」を算定すべきであったと主張する。

　しかし、法人税基本通達2-3-7は、有利発行かどうかを判定する際の「その取得の時におけるその有価証券の取得のために通常要する価額に比して有利な金額」（法令119①四）につき、払込金額等を決定する日の現況における当該発行法人の株式の価額に比して社会通念上相当と認められる価額を下回る価額をいうとした上、比較の対象となる上記株式の価額については、（注）2により、払込金額等の決定の日の価額に限定されず、払込金額等を決定するための基礎として相当と認められる価額であるとし、その例として決

定日前 1 月間の平均株価を挙げているにすぎず、必ずしも A 社主張のような事情の勘案を義務づけるものとは解されない。そして、証拠及び弁論の全趣旨によれば、平成19年 3 月27日の本件増資の前に B 社株式の売買実例が 5 件あったことが認められるが、そのうち 4 件の譲渡価格はいずれも発行価額（額面価額）と同額の 1 株1,000バーツという通常の売買価額とはいい難いものであり、他の 1 件の譲渡価格も不明というのであるし、これらのうち最も新しいものでも平成16年 1 月であって本件株式の取得よりも 3 年も前のものである。しかも、A 社自身、本件更正処分等に対して不服を申し立てた審査請求書において、A 社以外の株主が保有する B 社株式はいわゆる名義株にすぎず、実質的には A 社が B 社の 1 人株主であると主張しており、そのような状況下での株式売買価額は通常の売買におけるものとは異なる可能性が大きいといえる。そうすると、上記の売買実例における 1 株1,000バーツという価額がその取得のために通常要する価額に近似するとは到底考え難く、これを勘案することは相当でないというべきである。

　本件株式については、「払い込むべき金銭の額又は給付すべき金銭以外の資産の額を定める時」における取得のために通常要する価額と「取得の時」における取得のために通常要する価額とが相違する特段の事情があるともうかがわれないから、後者の額を法人税基本通達 2 - 3 - 7 の（注） 2 にいう「払込金額等を決定するための基礎として相当と認められる額」として、法人税基本通達 2 - 3 - 9 の(3)により、法人税基本通達 4 - 1 - 5 及び 4 - 1 - 6 に準じて算定するのが合理的である。

　この点、A 社は、法人税基本通達の解説書において、「上場株式の場合であっても」、新株の発行価額を決定する日の価額のみによるのではなく、平均株価等によることも認める旨記載されていることを根拠に、B 社株式のような非上場株式の場合であれば、当然に、「判定の時価」の算定方法は弾力的なものでなければならないと主張する。

　しかし、A 社は、A 社の指摘する売買実例を勘案して弾力的に算定する方法を具体的に明示しないのであるから、それが課税庁の採る算定方法よりも合理的であるということはできない。

　したがって、本件株式の取得のために通常要する価額につき、課税庁の算定に誤りがあるとは認められない。

(2)　A社は、本件株式と他の株主が有するB社株式とが「内容の異なる株式」（法通2-3-8）であるから、本件増資は、「他の株主等に損害を及ぼすおそれがないと認められる場合」（法令119①四）として、有利発行には当たらないと主張する。

　しかし、第1審判決説示の通り、B社株式については、株主間契約によって差異が設けられてはいるが、その差異は、事実上のものであって、かつ、流動的なものであり、株式の内容となっていると解することはできないから、本件株式と他の株主が有するB社株式とが「内容の異なる株式」であるとは認められない。そして、本件増資により、A社のみが本件株式を取得した結果、A社が有するB社株式が発行済株式の29％から97％を占める至った以上、「株主等である法人が有する株式の内容及び数に応じて株式又は新株予約権が平等に与えられ」（法通2-3-8）たとはいえず、本件増資が「他の株主等に損害を及ぼすおそれがないと認められる場合」に該当するとは認められない。

　この点に関し、A社は、平成20年4月にB社株式を純資産価額で買い取ったのは、タイにおいて業務を行う外部の専門家により指導を受けたことによるもので、当初は、この取引についても株主間契約等による事前の取決め通りに取得価額によって行うことが予定されていたものであって、このように、本件増資の1年以上も後に行われ、外部の専門家の指導という異例の事情によって行われた取引を根拠として、株主間契約等による制限が事実上の流動的なものであるということはできないと主張する。

　しかし、仮に上記の指導を受けた事実が認められるとしても、そのような事情によって株主間契約通りの実行がされないのであれば、株主間契約の拘束力が強いものであったとは認め難く、やはり、同契約によって設けられた差異は、事実上のものにすぎず、かつ、流動的なものに過ぎないといわざるを得ない。

　また、A社は、法人税基本通達2-3-8の（注）において、「株主等に損

害を及ぼすおそれがないと認められる場合」に該当するか否かは「株式の内容」のみならず「当該新株予約権無償割当ての状況などを総合的に勘案して判定する必要がある」とされていることから、Ｂ社株式についても、本件増資前に行われた全ての売買取引が株主間契約等による事前の取決めに従って取得価額によって行われたことを重要な勘案事項とすべきであり、そうすると、本件増資が額面金額で行われても、Ｂ社の株主間で株式の含み益が移転することにはならず、Ａ社が本件増資によって受贈益を得るということにもならないと主張する。

　しかし、法人税法施行令第119条第１項第４号が「他の株主等に損害を及ぼすおそれ」がない場合に有利発行有価証券とならないとしたのは、時価と異なる有利な払込金額による新株発行であっても、株主が平等に新株を引き受ける場合には、持株比率が変わらないことから、新株発行による利益と旧株について生じる株価、利益配当率、議決権の比率等に係る損失とが実質的に相殺されるためであると解される。そして、本件増資によってＡ社のみが有利な発行価額で本件株式を取得すれば、Ａ社が主張する過去の事情を勘案したとしても、Ａ社は旧株に係る損失を被ることなく新株による利益のみを得て、反面、他の株主に株価の下落や会社支配力の低下が生じることに変わりはなく、本件増資が「株主等に損害を及ぼすおそれがないと認められる場合」に該当するとは認められない。

　そして、上記株式がＡ社主張の通り「内容の異なる株式」であるとしても、後記(3)の通り、Ａ社と他の株主との間において、株式が平等に与えられることはなく、経済的な衡平も維持されることがなかったのであるから、いずれにせよ、本件増資は「株主等に損害を及ぼすおそれがないと認められる場合」には当たらないというべきである。

　以上によれば、Ａ社の上記主張は採用することができない。

(3)　Ａ社は、仮に、本件株式がＡ社以外の株主が保有するＢ社の株式と「内容の異なる株式」には当たらないとしても、本件増資においては、全ての株主に対し、その保有するＢ社株式の株数に比例して新株を引き受ける権利が付与されたが、Ａ社以外の株主がその権利を行使しなかったことによ

り、結果的に A 社のみが新株を取得することになったに過ぎず、他の株主等に損害を及ぼすおそれがあったと認められないから、法人税法施行令第119条第1項第4号に規定された有利発行に対する課税の対象から除外されると主張する。

　しかし、全ての株主に等しい割合で新株を引き受ける権利が付与されても、A 社以外の株主にも株式が平等に与えられることはなかったのであり、経済的な衡平も維持されなかったものであるから、「株主等に損害を及ぼすおそれがないと認められる場合」に該当すると認められず、A 社の上記主張は採用することができない。

(4)　以上のほか、A 社が指摘し、主張する種々の事項について勘案しても、第1審判決の認定判断を覆すに足りない。

6 解説

6.1 「判定の時価」及び「計算の時価」の具体的算定方法

(1)　第1審判決及び控訴審判決は、受贈益の額の算定過程を直接摘示していないが、次の①から⑦までのことから、課税庁は、有利発行に該当するか否かの判定及び受贈益の額の算定を、表4 の通り行って、本件更正処分をしたものと考えられる。そして、第1審判決は、本件更正処分を適法と判断し、控訴審判決もこれを支持している。

　①　A 社は、**平成19年3月27日**、本件株式**28万7,500株**を全て引き受け、B 社に対して、払込価額として上記25%分に相当する**7,187万5,000バーツ**を支払い、B 社の普通株式**28万7,500株**を取得したこと。

　②　本件増資前後の株主の状況は、表2 記載の通りであること。

表2

(単位：株)

	株主	増資前 (2006年1月)		本件増資 (2007年3月27日)	増資後 (2007年3月)	
①	A	3,625	(29.0%)	**287,500** ・1株当たり払込金額 　250バーツ ・払込総額 　**71,875,000** 　バーツ	291,125	(97.0%)
⑩	戊（A社員）	1,250	(10.0%)		1,250	(0.4%)
⑪	N（現地日系商社）	1,500	(12.0%)		1,500	(0.5%)
⑫	O（P銀行）	1,000	(8.0%)		1,000	(0.3%)
⑬	E（H銀行）	2,125	(17.0%)		2,125	(0.7%)
⑭	D（A社員）	1,250	(10.0%)		1,250	(0.4%)
⑯	S Limited（J銀行）	1,750	(14.0%)		1,750	(0.6%)
		12,500	(100.0%)	287,500	**300,000**	(100.0%)

③　国が本件訴訟において主張するA社の平成19年3月期の法人税に係る所得金額は、**表3**の通りであること。

表3

(単位：円)

項目			金額
減額更正処分後所得金額		①	5,623,104,333
加算	受贈益計上漏れ	②	**1,404,403,000**
	受取配当等の益金不算入額過大	③	425
所得金額 （①＋②＋③）		④	7,027,507,758
：		：	：

(出典：第1審判決書別表2を一部加工)

④　**平成19年2月19日**及び**同年3月16日**に開催されたB社の**臨時株主総会**において、普通株式**28万7,500株**（本件株式）を1株当たり額面価

額1,000バーツで発行することとされ、本件株式の当初の払込価額は 1 株当たり額面の25％である**250バーツ**とすることが決定されたこと。

⑤　国は、「本件株式の払込み又は給付の金額を決定する日（発行価額決定日）の現況における当該発行法人の株式の価額については、B 社の財務諸表のうち、本件株式の発行を決定した平成19年 3 月16日の前で最も近接した時期に作成されたものと認められる B 社の**平成18年12月期の財務諸表**を基にして、B 社株式の 1 株当たりの純資産価額の算定を行うのが相当である。すなわち、B 社株式の 1 株当たりの純資産価額は、B 社の純資産価額**4 億577万3,458バーツ**を発行済株式総数**1 万2,500株**で割ると、**3 万2,461バーツ**と算定され、これが本件株式の払込みの金額を決定した日の現況における B 社の株式の 1 株当たりの価額と認められる」と主張していること。

⑥　国は、「本件株式の払込みの金額を決定した日の現況における B 社の株式の価額 1 株当たり**3 万2,461バーツ**と、払込価額**250バーツ**との差額3 万2,211バーツは、 1 株当たりの純資産価額**3 万2,461バーツ**の**99.23％**となり、10％相当額以上である。したがって、本件株式は、その有価証券の取得のために通常要する価額に比して有利な金額で発行されたものと認められる」と主張していること。

⑦　平成19年 3 月27日の為替相場（TTM）は、**3.64円／バーツ**であること（出典：三菱 UFJ リサーチ＆コンサルティング株式会社 HP）。

表4

	有利発行に該当するか否かの判定	受贈益の額の算定
基準日	臨時株主総会 平19.2.19、平19.3.16	増資払込日 平19.3.27
① 発行済株式総数	12,500株 （平19.2.19、平19.3.16）	300,000株（※） （平19.3.27増資後）
② 純資産価額	405,773,458バーツ （平18/12期確定決算書）	477,648,458バーツ （＝405,773,458（同左） ＋71,875,000（払込金額））
③ 1株当たりの価額 （＝②／①）	32,461バーツ	1,592バーツ
④ 時価と発行価額との 差額の比率 （＝（③－250バーツ）／③）	99.20% （⇒10％を大幅に上回るため 有利発行に該当）	―
⑤ A社が取得した株式数	―	287,500株
⑥ 為替レート	―	3.64円／バーツ
⑦ 受贈益の額 （＝（③－250バーツ）×⑤×⑥）	―	1,404,403,000円

（※）　受贈益の額の算定における1株当たりの価額を算出するための発行済株式数300,000株は平19.3.27の増資後の株数である（12,500株（増資直前）＋287,500株（平19.3.27増資分）＝300,000株）。

（出典：山口勇輝「株式の有利発行に伴う課税の研究」税大論叢97号214頁（2019））

 参考

　品川名誉教授は、「本件においては、昭和63年5月に設立された〔B社〕の財務内容が、約20年後の本件増資時に、1株当たりの純資産価額が当初払込み金額の額面価額の約32倍に増加しているにもかかわらず、本件増資時に〔B社〕の発行済株式数の過半数を所有していた〔A社〕以外の株主が、本件株式の引受けに応じなかったのであるから、〔A社〕が、〔B社〕の設立当初から同社を実質的に支配していたことが窺える（他の株主は、〔B社〕設立当初から〔A社〕の意向に沿って〔B社〕の株式を所有していたことが推測される。）。そうであるからこそ、本件増資において、〔A社〕が本件株式の全部を引き受けることが可能になったものであろうが、そこに本件受贈益を課税する実質的根拠

があったものと解される[2]」（〔〕内筆者）と述べておられる。

⑵　A 社は、①法人税法施行令第119条第 1 項第 4 号は、有価証券と引換えに
払込みをした金銭の額及び給付をした金銭以外の資産の価額の合計額が「そ
の取得の時におけるその有価証券の取得のために通常要する価額」（以下
「判定の時価」という。）に比して有利な金額である場合における当該払込み
又は当該給付により取得をした有価証券の取得価額は、「その取得の時にお
けるその有価証券の取得のために通常要する価額」（以下「計算の時価」とい
う。）とする旨規定しているところ、判定の時価は、新株発行が有利発行に
当たるか否かの判定のために用いられるものであるのに対して、計算の時価
は、有利発行に当たることが確定した後、課税するべき取得金額を算定する
ために用いられるものである、②「判定の時価」の解釈に関しては、法人税
基本通達 2 - 3 - 7 が、当該株式の払込み又は給付の金額を決定する日の現況
における当該発行法人の株式の価額に比して社会通念上相当と認められる価
額を下回る価額をいうものとする旨規定しているが、その算定方法は何ら示
していない、③「計算の時価」に関しては、法人税基本通達 2 - 3 - 9 が具体
的な算定方法を示している、④このように同一の文言の 2 つの時価が異なる
機能を果たしているのは、有利発行であるか否かの判定は、その取引の当事
者間の諸事情を踏まえて判断すべきであるのに対して、その判定の結果が有
利発行であるとなった場合には、財産評価通達に定められている方法等に基
づいて疑義のない金額を取得価額と受贈益の額を算出するという趣旨に基づ
くものである、⑤このように「判定の時価」と「計算の時価」は役割が異な
るのであるから、「計算の時価」の算定方法について規定した法人税基本通
達 2 - 3 - 9 に従って算定された金額について、「判定の時価」について規定
した法人税基本通達 2 - 3 - 7 の10％基準を当てはめるのは妥当でないと主張
した。

　これに対して、控訴審判決は、本件株式については、「払い込むべき金銭

---

2 ）　品川芳宣「会社間の株式の有利発行と受贈益の有無」『週刊 T&A master』667号（2016）

の額又は給付すべき金銭以外の資産の額を定める時」における取得のために通常要する価額と「取得の時」における取得のために通常要する価額とが相違する特段の事情があるともうかがわれないから、後者の額を法人税基本通達2-3-7の（注）2にいう「払込金額等を決定するための基礎として相当と認められる額」として、法人税基本通達2-3-9の(3)により、法人税基本通達4-1-5及び4-1-6に準じて算定するのが合理的であると判示した。

　同様の判示をした例として、東京高裁平成22年12月15日判決（以下「平成22年判決」という。）がある。

東京高判平22・12・15

（事案の概要）

　本件は、自動車の完成品や組立部品の輸出及び海外での販売事業等を行っているA社が、タイにおいて上記販売事業を行う関連会社であるタイ法人2社（C社及びD社）が発行した株式を額面価額で引き受けたことについて、甲税務署長が、上記各株式が法人税法施行令（平成18年政令第125号による改正前のもの。）第119条第1項第3号所定の有利発行の有価証券に当たり、その引受価額と時価との差額相当分の利益が生じていたなどとして、法人税の更正処分等をした事案である。

　（注）　更正通知書に付記された理由においては、E社株の取得に係る受贈益についての記載がなかったにもかかわらず、甲税務署長は、本件訴訟において、E社株の取得に係る受贈益についても、更正処分等の根拠として主張したが、本判決は、理由の差替えとして、許容することができないと判示している。

（ステップ1）D社及びE社株引受前

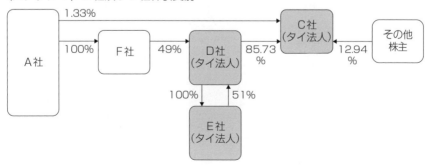

（ステップ2）D社及びE社株引受後

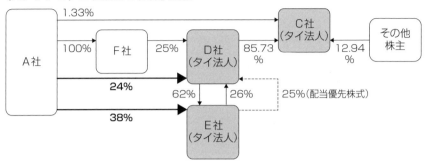

（ステップ3）C社株引受前〈ステップ2の後、C社、D社及びE社の減資が行われている〉

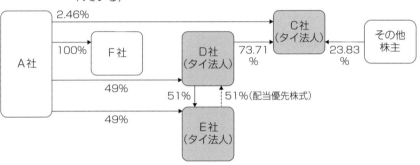

（ステップ4）C社株引受後

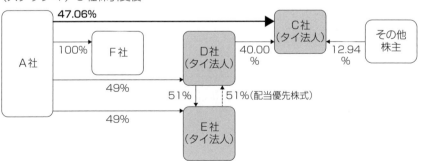

（出典：国税庁HP「税務訴訟資料」を一部加工）

（判決の要旨）

　法人税基本通達9－1－13は、法人税法第33条第2項の規定を適用して非上場株式で気配相場のないものについて評価損を計上する場合に係る解釈通達であって、「当該事業年度終了の日又は同日に最も近い日におけるその株式の発行法人の事業年度終了の時における1株当たりの純資産価額等を参酌して通常取引されると認められる価額」と定めているものである。発行された新株が有利発行に当たるか否かを判定する場合について、その新株の時価を算定する解釈通達は定められていないため、上記通達を準用するのが相当である（法人税基本通達2－3－9(3)参照）。

＊　　　　　＊　　　　　＊

　なお、第1審判決及び控訴審判決と平成22年判決における①有利発行に該当するか否かの判定上の時価（判定の時価）と②受贈益の額の算定上の時価（計算の時価）を比較すると、 表5 の通りであり、いずれも1株当たりの純資産価額によっているが、次のような点を指摘することができる。

①　発行済株式総数は、「判定の時価」については、基準日以前の一定の日における発行済株式総数を基礎としているのに対して、「計算の時価」については、増資後の発行済株式総数を基礎としている。ただし、平成22年判決のC社の「計算時価」の「発行済株式総数（①）」欄に「平16.9末時点」と「平16.12.20増資後」を併記しているのは、直近の財務諸表の作成基準日（平成16年9月末）の後、減資（1,372,000株）と増資（1,372,000株）を順に行った結果、「平16.9末時点」と「平16.12.20増資後」の両時点における発行済株式総数が同数となっていることによるものであり、この「計算の時価」は、直近の財務諸表の作成基準日（平成16年9月末）における発行済株式総数を基礎としているようにも見える。なお、同判決のD社は、平成16年4月28日付けで4,212百万バーツの減資を、平成16年4月30日付けで計1,929百万バーツの増資をそれぞれ行っている。

②　純資産価額は、原則として、基準日前で最も近い日を基準に作成されたものと認められる財務諸表を基礎としているが、第1審判決及び控訴審判

決の B 社の「計算の時価」の算定上は、これに払込金額を加算している。なお、平成22年判決の C 社の「計算時価」については、直近の財務諸表の作成基準日（平成16年 9 月末）の後、減資（1,372,000株）と増資（1,372,000株）を順に行っているところ、A 社は、平成15年10月 7 日に開催された社長室会において、株式の増減資については、全て額面価額である 1 株1,000バーツで行う旨の決定をし、C 社は同決定に従い、同月21日開催の株主総会において、減資を行う旨の決議をした。また、増資については、平成16年11月22日に C 社の臨時株主総会が開かれ、C 社の普通株式が額面価額1,000バーツで発行されることが可決された。

表5

		基準日	発行済株式総数 （①）	純資産価額 （②）	1 株当たりの 価額（②÷①）
第 1 審判決及び控訴審判決					
B 社	判定 時価	臨時株主総会 （平19.2.19 平19.3.16）	12,500株 （平19.2.19 平19.3.16）	405,773,458バーツ （平18/12期確定決算書）	32,461バーツ
	計算 時価	増資払込日 （平19.3.27）	300,000株 （平19.3.27増資後）	477,648,458バーツ （＝405,773,458（同上）＋ 71,875,000（払込金額））	1,592バーツ
平成22年判決					
D 社	判定 時価	臨時株主総会 （平16.3.26）	6,239,520株 （平15.12末時点）	10,490,075,152.47バーツ （平15/12期確定決算書）	1,681バーツ
	計算 時価	増資払込日 （平16.4.30）	3,956,000株 （平16.4.30増資後）	9,662,223,499.05バーツ （平16.3末時点財務諸表）	2,442バーツ
C 社	判定 時価	臨時株主総会 （平16.11.22）	3,000,000株 （平16.9末時点）	9,799,804,084.67バーツ （平16.9末時点財務諸表）	3,266バーツ
	計算 時価	増資払込日 （平16.12.20）	3,000,000株 （平16.9末時点 平16.12.20増資後）	同上	同上

（出典：山口勇輝「株式の有利発行に伴う課税の研究」税大論叢97号205・214頁(2019)を参考に作成）

(3)　A 社は、法人税法施行令第119条第 1 項第 4 号において「判定の時価」と

「計算の時価」が定められているところ、「判定の時価」の算定に当たっては、上場されておらず、売買実例のない株式についても、法人税基本通達2-3-7の（注）2が挙げるような諸事情を勘案する必要があり、Ｂ社が発行する株式は、譲渡制限が付されているものの、本件増資以前に多くの売買実例が存在することから、課税庁は上記諸事情を勘案して「判定の時価」を算定すべきであったなどと主張した。

　これに対して、控訴審判決は、①法人税基本通達2-3-7は、比較の対象となる株式の価額については、（注）2により、払込金額等の決定の日の価額に限定されず、払込金額等を決定するための基礎として相当と認められる価額であるとし、その例として決定日前1月間の平均株価を挙げているに過ぎず、必ずしもＡ社主張のような事情の勘案を義務づけるものとは解されない、②平成19年3月27日の本件増資の前にＢ社株式の売買実例が5件あったことが認められるが、そのうち4件の譲渡価格はいずれも発行価額（額面価額）と同額の1株1,000バーツという通常の売買価額とはいい難いものであり、他の1件の譲渡価格も不明というのであるし、これらのうち最も新しいものでも平成16年1月であって本件株式の取得よりも3年も前のものである、③Ａ社自身、審査請求書において、Ａ社以外の株主が保有するＢ社株式はいわゆる名義株にすぎず、実質的にはＡ社がＢ社の1人株主であると主張しており、そのような状況下での株式売買価額は通常の売買におけるものとは異なる可能性が大きいといえるなどとして、Ａ社の主張を排斥した。

🔍 参考

　朝長税理士は、「他の株主が保有する株式は、『名義株』ではなく、実質的な『種類株式』という性質のものであるわけです。このため、審査請求の途中で私が代理人になってから、『名義株』という主張は取り下げています[3]」と述べておられる。

　しかしながら、第1審判決は、「Ａ社自身、審査請求書において、Ａ社以外の株主が保有するＢ社株式はいわゆる名義株にすぎず、実質的にはＡ社がＢ

3）　朝長英樹「検証・有利発行課税事件(4)」『週刊 T&A master』689号11頁（2017）

社の1人株主であると主張しており、そのような状況下での株式売買価額は通常の売買におけるものとは異なる可能性が大きいといえる」と判示している。主張を変更し、又は取り下げても、当初の主張が"足かせ"となり得ることには、注意が必要であろう。

6.2　A社以外の株主の保有する株式は「内容の異なる株式」である旨の主張について

A社以外の株主の保有する株式は「内容の異なる株式」に該当する旨のA社の主張及びこの点に関する国税不服審判所及び裁判所の判断は、 **表6** の通りである。

表6

	A社の主張	国税不服審判所・裁判所の判断
審査請求	1　株主間契約等の内容に照らすと、A社ら以外の株主の有していた株式は、株主間契約等により、譲渡価額を取得価額と同額とすると取り決められており、株主がキャピタルゲインを得ないことが制度上確保されたのと同様の状態にあるなど、実質的な「債権」又は「債券」の性質を有するものであることから、A社以外の株主は、A社に対する増資による「普通株式」の割当てによって損害を受けることはない。 2　A社以外の株主は、株主間契約等によって、「普通株式」の権利内容等を変更した、いわば「種類株式」に係る株主であるところ、「種類株式」の株主はいずれも本件増資に同意しており、「種類株式」に係る「株主権の希釈化」を問題とする理由がない。	1　B社の設立準拠法においては、普通株式と優先株式といった異なる株式が法定され、さらに、これら異なる株式を発行するには一定の手続を採ることが必要であるところ、B社株式は、全てが普通株式であるものと認められる。 2　A社が主張する株主間契約等は、A社と、A社ら以外の株主又はその親会社等との間において効力を有するものであるところ、関係当事者間の法律関係が、同契約に拘束されてきたとしても、かかる契約の拘束力は飽くまでも事実上のものに過ぎず、そのことをもってして、A社のいう「種類株式」が、本件新株を含むA社が保有する普通株式と異なるものであるとはいえない。

	3　有利発行に該当するか否かは、株主間で利益の移転があるか否かを見て判断する必要があるが、株主間契約等によって取得価額でしか譲渡することができない「種類株式」にはＡ社に移転する「経済的利益」が存在するはずもない。	
第一審	1　Ａ社及びＡ社以外の株主が本件増資前に有していたＢ社の株式は、付属定款において譲渡制限が付されており、タイの場合には、取締役会の譲渡承認が得られない限り、株式を第三者に譲渡することは絶対的に禁止されていたところ、取締役会は、実質的な親会社であるＡ社の意向に従うので、Ａ社は、保有していた株式を譲渡するのは自由であるのに対して、Ａ社以外の株主は、Ａ社の認める範囲内でしか保有していた株式を譲渡することは不可能であった。 2　Ａ社以外の株主は、株主間契約により、Ｂ社が清算手続等に入った場合など一定の場合には、Ａ社によりその保有するＢ社の株式を取得価額で買い取ることが保証されていた。 3　Ａ社以外の株主は、配当受領権について、株主間契約により、Ｂ社の業績に関係なく、保有株式の取得金額に対して一定の支払を受けるという経済的な実質が確保され、その代わりに、その他の利益配当等の一切の受領権を放棄することとされていた。 4　以上の通り、Ａ社が有する株式とＡ社以外の株主が有する株式と	1　法人税法施行令第119条第1項第4号が、従前の「株主等として取得をしたものを除く」に代えて「他の株主等に損害を及ぼすおそれがないと認められる場合」には有利発行有価証券に当たらない旨を定めるに至ったのは、会社法の制定による種類株式の多様化に伴い、従前の「株主等として取得したものを除く」の内容を、より明確化する趣旨に出たものであって、このような改正経緯に照らせば、法人税基本通達2-3-8にいう内容の異なる株式とは、種類株式のことを指すものと解されるところ、タイ国民商法典においては、普通株式のほか優先株式も発行することができるのであるが、Ｂ社では、付属定款において、発行する全ての株式が記名普通株式であると定められ、全ての株式に譲渡制限が付され、議決権も「株式1株につき決議権1個」と規定されているから、Ａ社以外の株主の有する株式が内容の異なる株式に当たるとはいえない。 2　株主間契約は、Ｂ社と株主との権利義務関係を拘束するものではないし、まして、株式の内容自体を変えるものではなく、さらにいえば、Ｂ社がＡ社の意向を受けて株主間合

	では、譲渡制限、取得価額による買取保証及び配当受領権において内容を異にしており、両者は、法人税基本通達2-3-8にいう内容の異なる株式となっており、本件増資はA社以外の株主に損害を及ぼすおそれがないから、本件株式は有利発行有価証券に該当しない。	意と実質的に異なる内容でA社以外の株主との間で株式の買取りをすることが不可能と認めるべき事情はなく、事実、そのような株式の買取りがされているのであるから、仮にA社が主張するように同種株式であっても事情のいかんによれば内容の異なる株式に当たる余地があるとの見解に立ったとしても、A社が挙げる株主間契約による差異は、事実上のものであり、かつ流動的なものにすぎず、これらの事情があることをもって、A社以外の株主の株式が内容の異なる株式に当たるということはできない。
控訴審	平成20年4月にB社株式を純資産価額で買い取ったのは、タイにおいて業務を行う外部の専門家により指導を受けたことによるもので、当初は、この取引についても株主間契約等による事前の取決め通りに取得価額によって行うことが予定されていたものであって、このように、本件増資の1年以上も後に行われ、外部の専門家の指導という異例の事情によって行われた取引を根拠として、株主間契約等による制限が事実上の流動的なものであるということはできない。	仮にA社主張の指導を受けた事実が認められるとしても、そのような事情によって株主間契約通りの実行がされないのであれば、株主間契約の拘束力が強いものであったとは認め難く、やはり、同契約によって設けられた差異は、事実上のものにすぎず、かつ、流動的なものに過ぎないといわざるを得ない。
	法人税基本通達2-3-8の（注）において、「株主等に損害を及ぼすおそれがないと認められる場合」に該当するか否かは「株式の内容」のみならず「当該新株予約権無償割当ての状況などを総合的に勘案して判定する必要がある」とされていることから、B社株式についても、本件増資前に行われた全ての売買取引が株主間契約等による	1　法人税法施行令第119条第1項第4号が「他の株主等に損害を及ぼすおそれ」がない場合に有利発行有価証券とならないとしたのは、時価と異なる有利な払込金額による新株発行であっても、株主が平等に新株を引き受ける場合には、持株比率が変わらないことから、新株発行による利益と旧株について生じる株価、利

事前の取決めに従って取得価額によって行われたことを重要な勘案事項とすべきであり、そうすると、本件増資が額面金額で行われても、B社の株主間で株式の含み益が移転することにはならず、A社が本件増資によって受贈益を得るということにもならない。	益配当率、議決権の比率等に係る損失とが実質的に相殺されるためであると解される。 2　本件増資によってA社のみが有利な発行価額で本件株式を取得すれば、A社が主張する過去の事情を勘案したとしても、A社は旧株に係る損失を被ることなく新株による利益のみを得て、反面、他の株主に株価の下落や会社支配力の低下が生じることに変わりはなく、本件増資が「株主等に損害を及ぼすおそれがないと認められる場合」に該当するとは認められない。

　法人税基本通達2-3-8にいう「内容の異なる株式」とは、「種類株式」（会108）のことをいうものと解されるところ、外国法人の発行する株式については、その設立準拠法を前提として、我が国の会社法における「種類株式」の実体を備えたものがこれに当たると解される。

　この点、A社は、A社ら以外の株主は、株主間契約等により、実質的には債権者ないし種類株主であるなどと主張したが、国税不服審判所及び裁判所は、①B社の設立準拠法（タイ国民商法典）においては、普通株式のほか優先株式も発行することができるところ、B社では、付属定款において、発行する全ての株式が記名普通株式であると定められ、A社以外の株主の有する株式が「内容の異なる株式」に当たるとはいえない、②A社の挙げる株主間契約による差異は、事実上のものであり、かつ流動的なものにすぎず、実際にも、A社は、タイの外部専門家の指導を受けて、株主間契約とは異なる内容で株式の買取りを行っているのであるから、やはり、A社以外の株主の有する株式が「内容の異なる株式」に当たるとはいえないなどととして、A社の主張を排斥した。

　以上の通り、A社以外の株主の保有する株式は、「内容の異なる株式」に該当する旨のA社の主張は排斥されているが、第1審判決は、「本件増資によっ

て、A 社が得る株主としての権利は増資前に比して格段に大きなものになるという利益を得るのに対し、A 社以外の株主はかかる利益を何ら得るところがないのであるから、『他の株主等に損害を及ぼすおそれがないと認められる場合』に当たらないのは明らかというべきであり、かかる観点からすれば、A 社以外の株主の株式が内容の異なる株式に当たるか否かについて論じるまでもな〔い〕」（〔〕内筆者）とも判示し、控訴審判決もこれを支持している。

6.3　失権があった場合の取扱いについて

　A 社は、株主全員に株式の割当てを受ける権利が与えられたが、一部の株主が引き受けなかった場合、引受けをした株主の株式につき有利発行有価証券とは取り扱わないのが課税実務の運用であった旨主張した。

　これに対して、第 1 審判決は、「失権株主がごく僅かであるなど特別な事情があるといえる場合にいかに判断すべきかは格別として、本件では、本件増資前には発行済株式の51％を有していた他の株主が一切株式の割当てを受ける権利を行使せず、他方、発行済株式の29％（A 社の従業員名義のものを加えても49％）しか有しなかった A 社において、株式の価額よりも著しく低い引受価額によりこれを全て引き受けたことによって、A 社が発行済株式の97.0％（A 社の従業員名義のものを加えると97.7％）以上を有するに至ったものであり、本件増資により、それまでの両者間の株主としての経済的な衡平が維持されなくなったのは明らかであるから、これが有利発行有価証券に当たるとする上記判断は左右されない」と判示したが、この判示のうち、「失権株主がごく僅かであるなど特別な事情があるといえる場合にいかに判断すべきかは格別として」の部分は、控訴審判決で削除されている。

　控訴審判決がこの部分を削除した真意は明らかでないが、失権株主がごく僅かであるからといって、受贈益の認識を要しないということにはならないであろう。

参考

　渡辺名誉教授は、法人税基本通達 2 - 3 - 8 の解説において、「本通達は、特定の株主を対象として新株が発行された場合には、いわゆる縁故募集であって、『株主等として取得したもの』には該当しないということを留意的に定めたものですが、結果として失権が生じた場合のすべてにつき、特定の株主を対象として新株が発行された場合になるというのも無理があるといえます。したがって、失権があった場合には、発行会社の資産内容、発行価格等からみて、失権の理由がどこにあるのかを判断した上で不平等であるのかどうかを考えることとなります。その場合、失権の規模も関係してきますので、失権株主の人数ではなく、失権の株数がいかほどであるかもその判断要素となります[4]」と述べておられる。仮に、この考え方によったとしても、本件では、失権株主がごく僅かであるとはいえず、また、失権の理由も、事実上の支配株主である A 社の意向に沿ったものと推測されるから、「株主等として取得したもの」には該当しないと考えられる。

6.4　希薄化損失の取扱いについて

　本件では、有利発行に伴い株式引受人において生じる既存保有株式の希薄化損失を考慮すべきか否かについては争点とされていないが、第 1 審判決は、「〔平成18年政令第125号による改正前の〕法人税法施行令119条 1 項 3 号が……『株主等として取得をしたもの』を有利発行有価証券から除く旨定めたのは、それが株主等として取得をしたものであって、他の株主に対しても株式が平等に与えられている場合には、株主間の経済的な衡平が図られており、そのような場合、時価と払込価額の差額による利益と既存保有株式の希薄化による損失が等しいと考えられることから、有利発行有価証券に当たるものとはしないこととしたものと解される」（〔〕内筆者）と判示しており、この判示によれば、株主間に平等に新株が割り当てられる有利発行の場合には、次の算式が成り立

---

4 ）　渡辺淑夫・山本清次『法人税基本通達の疑問点（四訂版）』190頁（ぎょうせい、2009）

つことになる[5]。

《算式》
　取得時の時価−払込金額＝既存保有株式に生じた希薄化損失の額

　この算式は、新株の取得による受贈益と既存保有株式に生じた希薄化損失とが打ち消し合うとの考え方に基づくものと解することもでき、そのように解すると、本件において、A社の受贈益の額の算定上、既存保有株式に生じた希薄化損失の額を控除することができるとの考え方もあり得るところである。

　しかしながら、第1審判決は、 **表4** の通り、受贈益の額の算定上、A社の既存保有株式に係る希薄化損失は考慮していない（ただし、1株当たりの価額を算定する際には、増資後の株数を用いているものと思われ、その意味での希薄化は考慮されているといえる。）。既存保有株式に係る希薄化損失は、未実現の損失であると解すべきと考えられる[6]。

　なお、希薄化損失の取扱いが直接争われた例として、東京高裁平成22年12月15日判決がある。

東京高判平22・12・15

（事案の概要）

　本件は、自動車の完成品や組立部品の輸出及び海外での販売事業等を行っているA社が、タイにおいて上記販売事業を行う関連会社であるタイ法人2社（C社及びD社）が発行した株式（以下「本件2社株」という。）を額面価額で引き受けたことについて、甲税務署長が、本件2社株が法人税法施行令（平成18年政令第125号による改正前のもの。）第119条第1項第3号所定の有利発行の有価証券に当たり、その引受価額と時価との差額相当分の利益が生じていたなどとして、法人税の更正処分等をした事案である。

　（注）　更正通知書に付記された理由においては、E社株の取得に係る受贈益についての記載がなかったにもかかわらず、甲税務署長は、本件訴訟において、E社株の取得に係

5）　山口勇輝「株式の有利発行に伴う課税の研究−受贈益課税と希薄化損失の取扱い−」税大論叢97号239頁（2019）

6）　金子宏『租税法　第23版』341頁（弘文堂、2019）

る受贈益についても、更正処分等の根拠として主張したが、本判決は、理由の差替え
として、許容することができないと判示している。

（ステップ1）D社及びE社株引受前

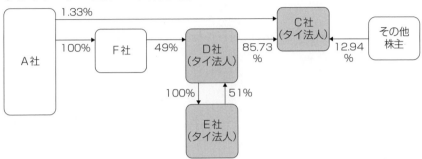

（ステップ2）D社及びE社株引受後

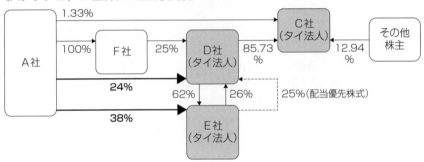

（ステップ3）C社株引受前〈ステップ2の後、C社、D社及びE社の減資が行わ
　　　　　　　　れている〉

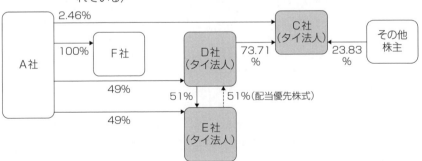

（ステップ4）C社株引受後

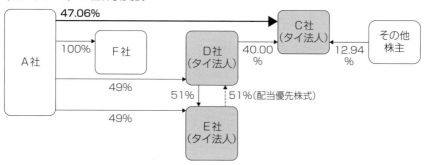

（出典：国税庁HP「税務訴訟資料」を一部加工）

（A社の主張と判決の要旨）

A社の主張	判決の要旨
1　新株の発行が有利発行に当たるかどうかにつき、当該新株発行に係る発行価額が時価よりも低額であることだけでなく、当該新株発行により既存株主の株式の希薄化を生じ、既存株主に不利益を与えることもその要件となる。	1　法人税法及び法人税法施行令の解釈上そのような要件を読み取ることはできない。
2　有利な発行価額であるかどうかは、既存株主の経済的利益との関係で実質的に判断されるべきものであり、本件2社株の発行に係る一連の増減資手続を俯瞰して、実質的にD社及びC社の既存株主からA社に利益が移転したかどうか、換言すれば、既存株主に損失が生じているかどうかが検討されるべきところ、本件D社株の発行により同社の既存株主であるF社及びE社は、その保有するD社株につき損失を被るが、F社は、A社の100%子会社であり、E社もその全株式をA社に直接又は間接に保有されていること、C社株については、B及びWが既存株主であったが、一連の増	2　本件2社株の発行自体からA社が受ける利益と、A社の有する既存株式が本件2社株の発行により受ける損失を分けずに一体として考えることは、法人税法が実現原則を採用し、未実現の利益を課税対象から除外することにより、含み益の増減は課税上考慮されないとし（法法25①）、資産の評価換えに伴う減額部分も損金の額に算入しないとすること（法法33①）との整合性に問題があると考えられること、また、法人格の異なるグループ法人の間で増減資取引が行われたとしても、法人税法上は、各取引ごとに所得の発生や帰属が判断されるものであるから、本件についてA社及びそのグ

減資手続の前後で保有する株式割合に変化がなく、C 社の企業価値にも変化がなかったのであるから、既存株主から A 社への利益の移転はなく、既存株主には損失が生じていないから、当時の商法上も税法上も有利発行に当たらない。

3　新株の発行価額が有利な発行価額に該当するか否かを判断する場面は、法人税法の採用する実現原則が適用される場面とは無関係であるところ、実際に、A 社は、本件 2 社株の引受けにより、F 社等の子会社の資産価値の減少による損失を被っているのであるから、有利な発行価額に該当するか否かの判断においては、このような希薄化損失は当然考慮されるべきものである。

4　新株主が既存株式を保有等する場合には、既存株式に希薄化損失が生ずるから、受贈益の額の計算上、その額を控除すべきである。
　　具体的には、A 社が本件 D 社株及び本件 E 社株を引き受けたことにより、上記各株式を保有する F 社の株式について希薄化損失が生ずるというべきであり、また、A 社が本件 C 社株を引き受けたことにより、本件 C 社株を保有する D 社の株式について希薄化損失が生ずるというべきであるから、受贈益の額の計算上、これらの額を控除すべきである。

ループ会社により行われた増減資手続を一連一体のものととらえた上で、A 社や A 社以外の既存株主の利益の有無を検討しなければならないとする根拠はなく、A 社の主張は立法政策としてはともかくとして、現行法令の解釈としては、採用することができない。

3　本件 2 社株の発行価額の決定時点において、本件 2 社株を保有する F 社等の株式価額が下落することが見込まれ、さらには、F 社等の株式を保有する A 社に F 社等の株式に係る希薄化損失が生じる見込みであるとしても、本件 2 社株の発行価額が有利な発行価額であるか否かは、新たに発行される新株自体について検討されるべきものであり、当該新株の発行により減少が見込まれる既に発行済みの株式の価値を考慮する必要はないものである。

4　A 社の主張する希薄化損失とは、本件 2 社株の発行により、同各株式の発行会社の既存株主である F 社、E 社、D 社及び A 社が保有する既存の株式の価値が減少し、その結果、A 社が保有する C 社、D 社、E 社及び F 社の株式の価値が減少したこと、すなわち含み益が減少したことをいうものであると解される。
　　この点、法人税法は、保有資産については、内在する含み益の増減は課税上考慮しないこととし、それが譲渡される時点において、当該資産に発生していたそれまでの含み益又は含み損が一括して清算されて、はじめて利益又は損失の実現が生じ、その時点において、利益が実現すれば課税される関係が生じるものと取り扱うこととして、

| | 原則として実現した利益のみが所得であるという考え方（実現原則）を採用し、未実現の利益を課税の対象から除外しており（法法25①）、法人の保有資産に内在する含み益の増減は課税上考慮しないこととしているから、これを課税上考慮することはできない。 |

（補足）

　本件において、A社は、発行法人（C社、D社及びE社）の株式を保有する子会社（D社及びF社）の株式について希薄化損失が生ずる旨主張しているが、A社が直接保有する発行法人（C社）の株式について希薄化損失が生ずる旨の主張はしていない。その理由として、C社に対するA社の直接持分が本件増減資の直前で僅か1.33％しかなかったことが指摘される[7]。

　もっとも、東京高裁は、「A社の主張する希薄化損失とは、本件2社株の発行により、同各株式の発行会社の既存株主であるF社、E社、D社及びA社が保有する既存の株式の価値が減少し、その結果、A社が保有するC社、D社、E社及びF社の株式の価値が減少したこと、すなわち含み益が減少したことをいうものであると解される」（下線は筆者による。）と述べており、A社が直接保有する発行法人の株式について生ずる希薄化損失も含めて判断しているようにも見える。

🔍 **参考**

　朝長税理士は、「既存の株式の100％を持っている場合には全く受贈益課税を行わず、既存の株式の99％を持っている場合には既存の株式を全く持っていない株主と同じように受贈益課税を行う、ということが適当か否かという制度論はあり得ても、解釈論としては、119条1項3号〔現　4号〕と2-3-7が既存の株式の価値の『希薄化』を織り込んだものと解することができないことは、文理上、明確です[8]」（〔〕内筆者）と述べておられる。既存の株式の99％を持っている場合に、受贈益課税を避けるためには、時価発行とするか、それとも、100％子会社化した上で有利発行とするかを選択することになろう。

7）　岡村忠生「有利発行による経済的利益と希薄化損失」『税研』187号94頁（2016）
8）　朝長・前掲注3）7頁

事例 *3*

有利発行と所得税・贈与税の課税

第　1　審	：東京地裁平 7 （行ウ）第266号	平成12年 7 月13日判決
差戻前控訴審	：東京高裁平12（行コ）第248号	平成14年 1 月30日判決
上　告　審	：最高裁平14（行ヒ）第112号	平成17年11月 8 日判決
差戻後控訴審	：東京高裁平17（行コ）第286号	平成18年12月20日判決

1 事案の概要

　本件は、昭和62年分の所得税の課税に関して、① A 社が、同社の代表者である P 1 に対して、A 社が保有する B 社の株式を譲渡したこと、② A 社が P 1 に対し200万株の新株を、P 2 に対し84万株の新株をいずれも 1 株500円で発行したこと、③ P 1 が A 社の株式200万株を C 社に 1 株500円で譲渡したことをとらえて、甲税務署長らが、上記①につき、B 社の株式の譲渡が低額譲渡に当たり、時価と譲渡価額との差額が P 1 に対する賞与であるとして、上記②につき、新株の時価と発行価額との差額が一時所得になるとして、上記③につき、譲渡所得が発生しているとして、P 1 及び P 2 に対して各更正処分及び過少申告加算税の各賦課決定処分を、A 社に対して上記賞与に係る源泉所得税

の納税告知処分をしたのに対して、P1らが、上記各更正処分等の取消しを求めるものである。

　なお、P2がD社に対しA社の株式18万7,000株を1株500円で譲渡したことに関して、同人に対する更正処分においては譲渡所得の認定はされていなかったが、裁決においては、上記株式の譲渡に関して譲渡所得の発生が認定され、甲税務署長も、本訴において上記譲渡所得を同人の所得金額に加算して主張している。

② 基礎事実

(1)　昭和62年当時、P1は、A社及びその関連会社であるB社の代表者であり、P2は、A社の役員であり、かつ、その関連会社であるC社の代表者であった。

　　C社及びD社は、いずれもA社の株主であった。

(2)　昭和62年2月当時、A社の株主及び保有株式数は、次の通りであり、A社の発行済株式数は、100万株であった。

　　①　P1　　　　8万200株

　　②　P2　　　　4,000株

　　③　親族5名　1万4,000株

　　④　C社　　　80万株

　　⑤　D社　　　9万3,000株

　　⑥　その他　　8,800株

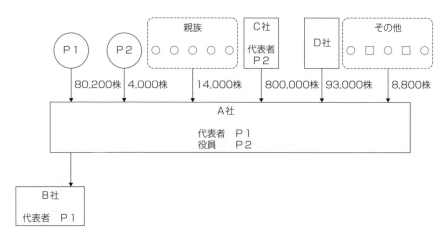

(3)　A 社は、300万株の新株を発行することとし、昭和62年 2 月 9 日に開催された臨時取締役会において、発行価額を 1 株当たり500円として、次の通り新株の割当てを行う旨の決議をし、上記決議に基づいて、新株は、同年 3 月11日、割当てを受けた株主において引き受けられた（以下、これにより発行された新株を「本件新株」という。）。

①　P 1　　200万株

②　P 2　　84万株

③　C 社　　16万株

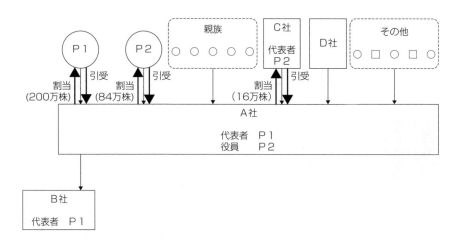

⑷ P2は、昭和62年3月26日、上記⑶において引き受けたA社の新株84万株のうち、18万7,000株を1株当たり500円で、D社に譲渡した。

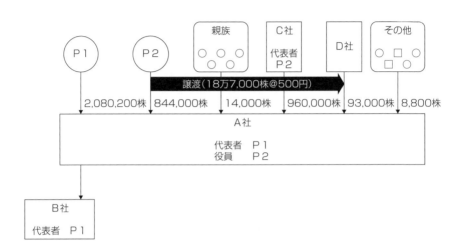

⑸ A社は、P1に対し、A社の保有するB社の株式を、昭和62年3月30日に90万株、同月31日に23万株、いずれも1株当たり1,200円で譲渡した。

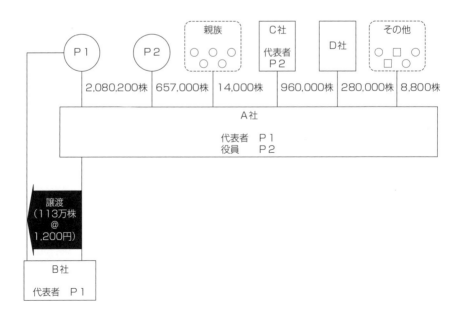

⑹　P1は、昭和62年5月12日、上記⑶において引き受けたA社の新株200万株の全てを1株当たり500円で、C社に譲渡した。

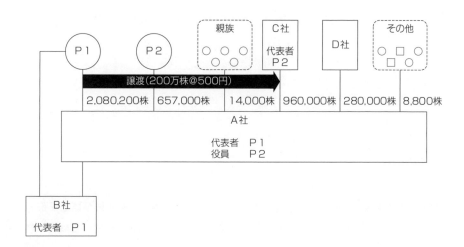

⑺　上記⑵から⑹までの結果、A社の株主及び保有株式数は、次の通りとなった。

① P1　　　　8万200株

② P2　　　　65万7,000株

③ 親族5名　1万4,000株

④ C社　　　296万株

⑤ D社　　　28万株

⑥ その他　　8,800株

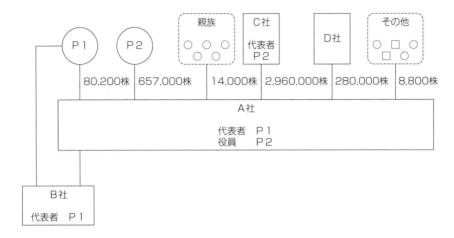

(8) 甲税務署長らのした更正処分等について（P2に対する更正処分は乙税務署長がしたものであるが、P2の納税地の変更に伴い、上記更正処分に係る権限・事務は甲税務署長がこれを承継した。）

① P1は、昭和63年3月15日、**表1**の「確定申告」欄記載の通り、昭和62年分の所得税の確定申告をしたが、乙税務署長は、上記確定申告には次の通り誤りがあるとして、P1に対し、平成3年3月12日付けで、同表の「更正処分」欄記載の通り、昭和62年分の所得税の更正処分（以下「P1更正処分」という。）及び過少申告加算税の賦課決定処分を行った。

イ 上記(5)記載のA社のP1に対するB社株の譲渡につき、1株の価額を1万3,151円と評価し、同金額と、1株当たりの譲渡金額である1,200円との差額1万1,951円に、譲受株式総数113万株を乗じた金額135億463万円は、P1がA社から受けた経済的利益の額であるとして、給与所得の収入金額に加算し、他の給与所得の収入金額と合算の上、給与所得控除をした残額を総所得金額に加算した。

ロ 上記(3)記載のP1が引き受けた本件新株200万株のうち、株主としての地位に基づく株数24万600株とその親族の株主としての地位に基づいてP1が引き受けたものと認めるべき株数2万8,560株の合計26万9,160株を差し引いた173万840株について、P1は、本件新株の1株当たりの

時価が7,405円であるのに、500円という有利な発行価額でこれを引き受けたものであると認められる。したがって、本件新株の時価と発行価額の差額6,905円に上記の173万840株を乗じた119億5,145万200円をＰ1の一時所得の収入金額に算入し、同金額から一時所得の特別控除額50万円を差し引いた残額の2分の1の59億7,547万5,100円を一時所得の金額として総所得金額に算入した。

ハ　上記(6)記載の本件新株のＣ社への譲渡について、譲渡した株式数を200万株として、所得税法第59条に基づいて、長期譲渡所得の総収入金額を5億9,275万8,200円とし、短期譲渡所得の総収入金額を141億8,924万1,800円として課税した。

　　上記の短期譲渡所得の金額は、譲渡した株式数200万株のうち、所得税法第33条第3項第1号により、Ｐ1が取得の日から5年以内に譲渡した191万9,800株に対応する総収入金額であり、譲渡時における1株当たりの時価7,391円に上記191万9,800株を乗じて算出した金額である。

　　また、上記の長期譲渡所得の金額は、譲渡した株式数200万株のうち、所得税法第33条第3項第2号により、Ｐ1が取得の日から5年を超えて保有していたと認められた8万200株に対応する総収入金額であり、譲渡時における1株当たりの時価7,391円に上記8万200株を乗じて算出した金額である。

②　Ｐ2は、昭和63年2月25日、 表2 の「確定申告」欄記載の通り、昭和62年分の所得税の確定申告をしたが、乙税務署長は、上記確定申告には、上記(3)記載のＰ2が引き受けた本件新株84万株のうち81万4,559株について、同人は、本件新株の1株当たりの価額は7,405円であるのに、500円という有利な発行価額で本件新株を引き受けたものと認められ、したがって、本件新株の時価と発行価額の差額6,905円に81万4,559株を乗じた56億2,452万9,895円をＰ2の一時所得の収入金額に算入し、同金額から一時所得の特別控除額50万円を差し引いた残額の2分の1の21億8,858万347円（第1審判決原文のまま）を一時所得の金額として総所得金額に算入すべきであるとして、Ｐ2に対し、平成3年3月12日付けで、同表の「更正処

分」欄記載の通り、昭和62年分の所得税の更正処分及び過少申告加算税の賦課決定処分（ただし、いずれも審査裁決により一部取り消された後のものをいう。以下、上記更正処分を「P2更正処分」という。）を行った。

③　丙税務署長は、上記(5)記載の売買により、P1には、上記①イ記載の通り経済的利益が発生し、A社がP1に対し上記経済的利益と同額の賞与を支給したものと解されるとして、A社に対し、平成3年3月18日、　**表3**　の「告知処分」欄記載の通り、源泉所得税の額を83億6,958万6,972円とする源泉所得税の納税告知処分及び不納付加算税の賦課決定処分（ただし、いずれも審査裁決により一部取り消された後のものをいう。）を行った。

(9)　本件訴訟の経緯について

①　P1は、主位的にP1更正処分の取消しを、予備的に同処分のうち還付金に相当する金額7,283万8,237円を超える部分の取消しを求め、P2は、P2更正処分の、A社は、本件納税告知の各取消しを求める本件訴訟を提起した。

②　第1審判決は、P1の主位的請求及びその余のP1らの請求をいずれも棄却し、P1の予備的請求に係る訴えを却下したので、P1らが控訴をした。

③　差戻前控訴審判決は、P1らの各控訴をいずれも棄却したので、P1らが、上告受理の申立てをした。

④　上告審判決は、P1の昭和62年分の給与所得、一時所得及び譲渡所得、P2の同年分の一時所得及び譲渡所得を算定するに前提となる課税時期におけるA社株及びB社株の価額（時価）の評価について、類似業種比準方式による評価と1株当たりの純資産価額による評価との選択が認められるべきであり、これらの評価方法により算定される価額の低い方をもって評価すべきであるとする差戻前控訴審判決の判断は是認しつつ、上記の1株当たりの純資産価額の算定に当たっては、課税時期における各資産を国税庁長官の発出した昭和39年4月25日付け直資56、直審（資）17「相続税財産評価に関する基本通達」（以下「評価通達」という。）に定めるところによって評価した価額の合計額から課税時期における同社の負債の金額の合

計額及び同通達186-2により計算した評価額に対する法人税額等に相当する金額（以下、この金額を「法人税額等相当額」という。）を控除した金額を課税時期における発行済株式数で除して算定すべきであり（以下、上記算定方式によって算定される株式の価額を、「純資産価額（法人税額等相当額を控除したもの）」という。）、1株当たりの純資産評価額の算定に当たって、法人税額等相当額を控除しなかった差戻前控訴審判決の判断には、判決に影響を及ぼすことが明らかな法令違反があるとして、同判決を破棄し、A社株及びB社株について、課税時期における1株当たりの純資産価額（法人税額等相当額を控除したもの）と類似業種比準価額の低い方をもって評価し、これに基づいてP1らの納付すべき税額を算定させるために、本件を控訴審に差し戻した。

⑽　上告審判決を受けて、甲税務署長らは、平成17年12月16日付けをもって、改めて、P1らに対し、 表1 及び 表2 の各「再更正処分」欄並びに 表3 の「訂正告知処分」欄記載の通り、再更正及び訂正の告知を行い、P1らが納付すべき税額を減額した（以下、上記再更正後のP1更正を「P1再更正」、上記再更正後のP2更正を「P2再更正」、上記訂正の告知後の本件納税告知を「本件訂正告知」といい、これらを併せて「本件各再更正等」という。）。

表 1

（単位：円）

区分		確定申告	更正処分	再更正処分
		昭和63年 3 月15日	平成 3 年 3 月12日	平成17年12月16日
総　所　得　金　額		98,048,229	21,141,117,604	6,586,463,304
内訳	不動産所得の金額	△17,251,425	△17,251,425	△17,251,425
	配 当 所 得 の 金 額	35,540,404	35,540,404	35,540,404
	給 与 所 得 の 金 額	79,739,250	12,909,137,750	1,651,343,250
	雑 所 得 の 金 額	20,000	20,000	20,000
	一 時 所 得 の 金 額	−	5,975,475,100	3,452,775,800
	短期譲渡所得の金額	−	2,192,391,550	1,434,070,550
	長期譲渡所得の金額	−	45,804,225	29,964,725

（注）　短期譲渡所得の金額は、収入金額14,189,241,800円 − 取得費1,919,800株 × 6,246円（＊）− 譲渡費用5,279,450円 − 特別控除500,000円 ＝ 2,192,391,550円と、長期譲渡所得の金額は、（収入金額592,758,200円 − 取得費80,200株 × 6,246円（＊）− 譲渡費用220,550円）× $\frac{1}{2}$ ＝ 45,804,225円と算出されたものと考えられる。

$$\ast \quad \frac{\begin{pmatrix} \text{・既保有分} & \text{80,200株 × 500円} \\ \text{・増資引受分（一時所得該当分）} & \text{1,730,840株 × 1 株当たりの純資産価額7,405円} \\ \text{・増資引受分（株主地位該当分）} & \text{269,160株 × 引受価額500円} \end{pmatrix}}{\text{80,200株 ＋ 1,730,840株 ＋ 269,160株}}$$

＝6,246円

（出典：差戻後控訴審判決書別表 1 の 2 を一部加工）

表 2

（単位：円）

区分		確定申告	更正処分	裁決	再更正処分
		昭和63年 2 月25日	平成 3 年 3 月12日	平成 7 年 7 月 4 日	平成17年 12月16日
総　所　得　金　額		15,299,800	2,203,880,147	1,802,460,377	1,664,801,304
内訳	給 与 所 得 の 金 額	15,299,800	15,299,800	15,299,800	15,299,800
	一 時 所 得 の 金 額	−	2,188,580,347	1,760,419,278	1,624,795,205
	短期譲渡所得の金額	−	−	26,446,799	24,433,799
	長期譲渡所得の金額	−	−	294,500	272,500

（出典：差戻後控訴審判決書別表 2 の 2 を一部加工）

表3

（単位：円）

区分	告知処分	裁決	訂正告知処分
	平成3年3月18日	平成7年7月4日	平成17年12月16日
支払認定額（認定賞与）	13,504,630,000	4,034,140,000	1,654,320,000
納税告知処分に係る源泉所得税額	8,369,586,972	2,505,104,982	1,024,036,584

（出典：差戻後控訴審判決書別表3を一部加工）

③ 国側の主張

(1) 甲税務署長らが更正処分において認定し、又は各審級において主張するP1の所得金額は、**表4**の通りである。

(2) 甲税務署長らが更正処分において認定し、又は各審級において主張するP2の所得金額は、**表5**の通りである。

　なお、P2がD社に対しA社の株式18万7,000株を1株500円で譲渡したことに関して、同人に対する更正処分においては譲渡所得の認定はされていなかったが、裁決においては、上記株式の譲渡に関して譲渡所得の発生が認定がされ、甲税務署長も、本訴において上記譲渡所得を同人の所得金額に加算して主張している。

表4

(単位：円)

			更正処分	第1審	差戻前控訴審	差戻後控訴審
株価	A社	昭和62年3月	7,405	5,254（類似法人比準方式）		4,490（※）
		昭和62年5月	7,391	11,629（類似法人比準方式）		4,574（※）
	B社		13,151	8,000（類似法人比準方式）		2,664（※）
給与所得の課税対象となるB社株数			1,130,000株	1,130,000株		1,130,000株
一時所得の課税対象となるA社株数			1,730,840株	2,000,000株		1,730,840株
短期譲渡所得の課税対象となるA社株数			1,919,800株	1,919,800株		1,919,800株
長期譲渡所得の課税対象となるA社株数			80,200株	80,200株		80,200株
総所得金額			21,141,117,604	24,998,732,704	同左	6,586,463,304
内訳	不動産所得の金額		△ 17,251,425	△ 17,251,425		△ 17,251,425
	配当所得の金額		35,540,404	35,540,404		35,540,404
	給与所得の金額		12,909,137,750	7,379,539,250		1,651,343,250
	雑所得の金額		20,000	20,000		20,000
	一時所得の金額		5,975,475,100	4,753,750,000		3,452,775,800
	短期譲渡所得の金額		2,192,391,550	12,584,268,950		1,434,070,550
	長期譲渡所得の金額		45,804,225	262,865,525		29,964,725

(※)

		① 純資産価額方式（法人税額等相当額控除あり）	② 類似業種比準方式	③ 時価（①と②とのいずれか少ない金額）
A社	昭和62年3月	4,490	4,823	4,490
	昭和62年5月	4,574	7,580	4,574
B社		2,664	5,984	2,664

表5

(単位：円)

			更正処分	第1審	差戻前控訴審	差戻後控訴審
株価	A社	昭和62年3月	7,405	5,254 (類似法人比準方式)		4,490 (※)
一時所得の課税対象となるA社株数			814,559株	840,000株		814,559株
短期譲渡所得の課税対象となるA社株数			－	183,000株		183,000株
長期譲渡所得の課税対象となるA社株数			－	4,000株	同左	4,000株
総　所　得　金　額			2,203,880,147	2,014,791,099		1,664,801,304
内訳	給与所得の金額		15,299,800	15,299,800		15,299,800
	一時所得の金額		2,188,580,347	1,996,430,000		1,624,795,205
	短期譲渡所得の金額		－	3,022,799		24,433,799
	長期譲渡所得の金額		－	38,500		272,500

(※)

		① 純資産価額方式 (法人税額等相当額控除あり)	② 類似業種比準方式	③ 時価 (①と②とのいずれか少ない金額)
A社	昭和62年3月	4,490	4,823	4,490

4 認定事実

4.1 本件新株発行の背景事情について

(1) 本件新株が発行される前に、P1、P2及びC社において、A社の株式の90％近くを保有していたことから、P1らにとって、新株を第三者に有利発行するために必要な株主総会の特別決議を得ることは容易であったにもかか

わらず、P1らは、上記の特別決議を経なかった。これは、本件新株発行において、P1を主体に割当てを行ってその持株比率を高めることに主眼が置かれたところ、有利発行を明確にすれば、時価と発行価額の差額を引受人の利益として税務申告しなければならなくなることから、その点を曖昧にするために、あえて上記の特別決議によらなかったものと推認される。そして、仮に株主総会の特別決議を欠いたという理由で本件新株の発行の効力が問題にされたとしても、取締役会で有利な発行価額による第三者割当ての決議がされていれば、上記の特別決議がなくても、その発行自体は有効なものと解されている（最高裁昭和46年7月16日判決参照）。

　なお、本件新株発行については、新株発行事項の公告又は株主への通知がなされていなかったが、A社は、D社の常務取締役であり、A社の取締役でもあるP3取締役に対しても、昭和62年2月9日の臨時取締役会の開催通知を行ったものと認められるから、D社は、上記取締役会で本件新株発行の件の決議がされることを認識していたものと推認される。

⑵　D社は、同社への新株の割当てがなく、A社の持株割合が低下したことについて不満を述べていたものと認められ、P2が18万7,000株を1株当たり500円でD社に譲渡したのは、事後的にその持株割合が2.3％まで低下したことに対する不服の申出に応じ、その持株割合を回復させるために行われたものと認めるのが相当である（これにより7％まで回復した。）。

⑶　P1が借入れをする際の各銀行の貸出協議書等には、本件新株をP1が引き受ける理由等について以下のような記載がある。

①　今回の増資の背景として、A社及びB社は、将来株式の上場を展望している。現状では、上記2社がそれぞれ単独で上場を目指すのか、両者が合併して上場するのか未定である。A社としては、自己資本の充実及び対外信用力のアップを目的に、資本金を現在の5億円からB社の規模である22億7,300万円まで増やす意向を固めて今回の増資を実施する運びとなった。

②　創業者メリットを獲得する観点からP1を主体に割り当てる。

③　貸付金の返済原資は、上記株式の上場後の株式市場放出により充てる。

⑷　C 社が借入れ等をする際の各銀行の受付協議書等には、C 社が P 1 から本件株式200万株を譲り受けることとなった経緯等について以下のような記載がある。

　　①　P 1 は、相続対策の必要上、A 社の株式をその持株会社である C 社に譲渡することとなったものである。

　　②　P 1 は、将来株式の上場を考えて増資払込金10億円を 4 行から借り入れて調達したが、当初の A 社と B 社を合併して株式を上場するという構想から、B 社単独での株式の上場の構想に変更した。上記の変更に伴い、P 1 個人の借入れについては、上場後の株式売却による創業者メリットがなくなり、借入れ負担のみ残る形となることから、C 社に上記借入金債務を引き受けさせ、A 社の株式を買い取らせることにしたいとの要請があった。

4.2　B 社株式の売買について

⑴　A 社は、その保有する B 社の株式のうち 7 万400株を E 銀行に対し、7 万株を F 信託銀行に対し、いずれも 1 株当たり1,200円で昭和62年 3 月30日に譲渡した。これは、○○○○信用銀行等の長期信用銀行、○○銀行等の都市銀行、○○信託銀行等の信託銀行、○○生命保険相互会社等の生命保険会社がいずれも B 社の株式を保有している（その大多数は、保有株式数 7 万400株、持ち株比率1.57％である。）ことから、新規に E 銀行及び F 信託銀行にも B 社の株主として参加してもらうことを企図して譲渡されたものであり、譲渡株式数は、上記の他の金融機関等と歩調を合わせて 7 万400株とされ、ただ、F 信託銀行は、端数の400株は不要であるということであったので、7 万株とされたものである。

⑵　上記⑴の 1 株当たり1,200円という価額は、昭和61年 2 月付けで G 証券株式会社○○○○部が発行した発行価額算定書（以下「発行価額算定書」という。）及び昭和62年 3 月 3 日付けの B 社株式売却資料（以下「売却資料」という。）によるものである。

　発行価額算定書で採用された算定方式は、B社の最終の貸借対照表における純資産価額方式と最近2事業年度の平均当期利益による収益還元方式との折衷により算定するというものであり、具体的には、①資本合計21億6,404万2,000円を発行済株式総数256万株で除して求めた1株当たりの評価額845.33円と②最近2事業年度の平均当期利益3億8,376万9,000円を発行済株式総数256万株及び還元利回り10％で除して求めた1株当たりの評価額1,499.1円との平均額である1,172.22円を基に、1株当たりの評価額を1,200円と算定したものである。

　また、売却資料で採用された算定方式は、純資産価額方式であり、具体的には、B社の昭和60年9月から昭和61年3月までの第24期の自己資本額47億2,000万3,000円を発行済株式総数421万5,000株で除して求めた1株当たりの評価額1,119.81円を基に、1株当たりの評価額を1,200円と算定したものである。

5 主な争点

(1)　B社の株式の価格の算定において、A社がE銀行らに売却したその価格を基に算定すべきか否か

(2)　A社及びB社の株式の価格の算定において、類似法人比準方式によることが合理的であるかどうか、また、甲税務署長らの行った算定が合理的であるかどうか

6 裁判所の判断（差戻後控訴審判決）

6.1　争点1（B社の株式の価格の算定において、A社がE銀行らに売却したその価格を基に算定すべきか否か）

⑴　P1及びA社は、P1がA社からB社株合計113万株を譲り受けたことによる給与所得の収入金額の算定に当たっては、A社が、昭和62年3月30日、E銀行らにB社株を譲渡した際の売買代金額（1株当たり1,200円）をもってその価額を評価すべきである旨主張する。

⑵　しかしながら、所得税基本通達23～35-9⑷イが、売買実例がある場合であっても、「適正と認められる価額」によるものに限り、その売買代金額をもって非上場株式の評価をすべきものとしている趣旨は、たとえ、第三者との間の取引といえども、必ずしも適正な価額で取引されるとは限らないことから、第三者との間の売買実例のうち、これが適正な価額での取引がされたものであると認められる場合に限り、その売買代金額をもって、当該株式の評価をすべきことを定めたものというべきである。そして、純然たる第三者間において、種々の経済性を考慮して定められた取引価額は、一般に合理性を有するものといえるから、通常は、これをもって適正な価額と認めるのが相当であるが、その取引価額の算定が経済的合理性を欠くことが明らかである場合には、これをもって適正な価額と認めることはできないことは当然である。

　　これを本件についてみると、A社のE銀行らに対するB社株の譲渡は、E銀行らにも、他の金融機関と同程度の株式を保有してもらうことによって、安定株主を増やすとともに、将来にわたるE銀行らとの円滑な取引を期待してされたという側面があることを否定しきれないのであって、E銀行らに特別の利害関係がない第三者性が確保されていると認めるについては、疑問を差し挟まざるを得ない。

　　また、仮に、E銀行らが、A社とは特別の利害関係のない第三者であると

しても、A 社と E 銀行らとの間の B 社株の売買代金額は、G 証券株式会社
○○○○部が発行した発行価額算定書及び売却資料に依拠したものである
が、①発行価額算定書は、B 社の昭和59年 8 月期及び昭和60年 8 月期という
古い事業年度の事業報告書を基礎資料として、純資産価額方式よって算定し
た株式の価額と平均当期利益を用いて収益還元法によって算定した株式の価
額との折衷によって B 社株の時価を評価したものであり、②売却資料は、B
社の昭和61年 3 月期の貸借対照表を基礎資料として純資産価額方式によって
B 社株の時価を評価したものであって、しかも、③発行価額算定書及び売
却資料は、純資産価額方式によって B 社株の価額を算定するに当たり、帳
簿価額をもってその資産を評価しており、当該資産の取得時から評価時まで
の価格上昇による評価益が全く算定の基礎に含まれていないのである。これ
らの事実に、④ B 社の昭和61年 3 月期ないし昭和63年 3 月期の資本合計及
び当期利益が、それぞれ昭和59年 8 月期、昭和60年 8 月期に比べて大幅に増
加していることや⑤昭和62年当時、不動産の価格が高騰を続けていたことが
公知であることをも考慮すると、発行価額算定書及び売却資料に依拠して定
められた売買代金額をもって、昭和62年 3 月時の適正な価額と認めることは
できない。

6.2　争点 2 （A 社及び B 社の株式の価格の算定において、類似法人比準方式によることが合理的であるかどうか、また、甲税務署長らの行った算定が合理的であるかどうか）

（略）

6.3　本件各再更正等の適法性

(1)　P 1 が納付すべき昭和62年分の所得税

　昭和62年分の P 1 の不動産所得の金額、配当所得の金額、給与所得の金

額、雑所得の金額、一時所得の金額は、 表1 の「再更正処分」欄記載の通りとなる。

　しかしながら、P1が、昭和62年3月11日に引き受けた本件株式200万株を、同年5月12日、C社に譲渡していることについては、当事者間に争いがないのであるから、上記譲渡による所得は、全て取得の日以後5年以内にされた譲渡に基づくものとして、短期譲渡所得に当たるものというべきである。そして、短期譲渡所得の金額は、 表6 の「P1の短期譲渡所得の金額」欄記載の通り、14億9,400万円となる。

(2)　P2が納付すべき昭和62年分の所得税

　昭和62年分のP2の給与所得の金額、一時所得の金額は、 表2 の「再更正処分」欄記載の通りとなる。

　しかしながら、P2が、昭和62年3月11日に引き受けた本件株式84万株のうちの18万7,000株を、同月26日、D社に譲渡していることについては、当事者間に争いがないのであるから、上記譲渡による所得は、全て取得の日以後5年以内にされた譲渡に基づくものとして、短期譲渡所得に当たるものというべきである。そして、短期譲渡所得の金額は、 表6 の「P2の短期譲渡所得の金額」欄記載の通り、2,497万8,800円となる。

(3)　A社が納付すべき昭和62年3月分の源泉所得税

　A社が、昭和62年3月30日及び同月31日の両日、P1に譲渡したB社株の時価と譲受価額との差額に相当する賞与について、所得税法第186条第2項第1号の規定に基づいて徴収すべき税額は、 表3 の「訂正告知処分」欄記載の通り、10億2,403万6,584円となることが計算上明らかである。

　以上(1)から(3)の説示したところによれば、本件再更正等は、いずれも適法である。

表6

		P1の短期譲渡所得の金額	P2の短期譲渡所得の金額
①	時価	4,574円	4,490円
②	配当期待金額	4円	0円
③	譲渡価額（＝②－③）	4,570円	4,490円
④	譲渡株数	2,000,000株	187,000株
⑤	短期譲渡所得の収入金額（＝③×④）	9,140,000,000円	839,630,000円
⑥	取得費の額	7,640,000,000円（注1）	813,637,000円（注2）
⑦	譲渡費用の額	5,500,000円（注3）	514,200円（注4）
⑧	特別控除額	500,000円	500,000円
⑨	短期譲渡所得の金額（⑤－⑥－⑦－⑧）	1,494,000,000円	24,978,800円

（注1）　昭和62年5月の譲渡時にP1が所有していたA社株に係る株数及び取得金額を基礎として、次の算式により、総平均法に準ずる方法により算出した1単位当たりの帳簿価額3,820円に譲渡株数を乗じたものである。なお、算式中の「株主地位該当分」は、親族等から贈与により取得したものとされる株式の数（28,560株）を含む。

《算式》

$$\frac{\begin{array}{l}\text{・既保有分}\qquad\qquad 80{,}200株\times500円 \\ \text{・増資引受分（一時所得該当分）}1{,}730{,}840株\times1株当たりの純資産価額4{,}490円 \\ \text{・増資引受分（株主地位該当分）}269{,}160株\times引受価額500円\end{array}}{80{,}200株＋1{,}730{,}840株＋269{,}160株}$$

＝3,820円

（注2）　昭和62年3月の譲渡時にP2が所有していたA社株に係る株数及び取得金額を基礎として、次の算式により、総平均法に準ずる方法により算出した1単位当たりの帳簿価額4,351円に譲渡株数を乗じたものである。なお、算式中の「株主地位該当分」は、親族等から贈与により取得したものとされる株式の数（13,441株）を含む。

《算式》

$$\frac{\begin{array}{l}\text{・既保有分}\qquad\qquad 4{,}000株\times500円 \\ \text{・増資引受分（一時所得該当分）}814{,}559株\times1株当たりの純資産価額4{,}490円 \\ \text{・増資引受分（株主地位該当分）}25{,}441株\times引受価額500円\end{array}}{4{,}000株＋814{,}559株＋25{,}441株}$$

＝4,351円

（注3）　昭和62年5月のA社株の譲渡に係る有価証券取引税（譲渡株数2,000,000株×譲渡単価500円×有価証券取引税率55/10,000＝5,500,000円）である。

（注4）　昭和62年3月のA社株の譲渡に係る有価証券取引税（譲渡株数187,000株×譲渡単価500円×有価証券取引税率55/10,000＝514,200円）である。

7 解説

7.1　事案の概要

　本件では、① A社がP1に対してしたB社株式の譲渡につき、時価と譲渡価額との差額がP1に対する賞与になる、② A社がP1及びP2に対し新株を発行したことにつき、新株の時価と発行価額との差額が一時所得になる、③ P1がC社に対してしたA社株式の譲渡につき、譲渡所得が発生しているとして、甲税務署長らが行った更正処分等の適否が争われている。

　相続税法基本通達9-4及び9-5の具体的事案における計算方法を示したものとして参考になるので、以下、計算過程を詳細に解説する。

　なお、A社株式及びB社株式を1株当たりの純資産価額を基に評価する際に、法人税額等相当額を控除して純資産価額を計算していることについて、上告審判決は、「昭和62年当時において、一般には通常の取引における当事者の合理的意思に合致するものとして、……所得税法及び所得税法施行令の解釈として合理性を有するということができる」（上告審判決）と判示したが、その後、平成12年12月22日課資3-8、課所4-29による改正により、所得税の課税における1株当たりの純資産価額の評価においては、法人税額等相当額を控除しないことが定められるに至っている（所通59-6(4)）。

7.2　P1再更正について

　甲税務署長らは、平成17年12月16日、P1に対し、給与所得の金額を1,651,343,250円、一時所得の金額を3,452,775,800円、短期譲渡所得の金額を1,434,070,550円、長期譲渡所得の金額を29,964,725円とする昭和62年分の所得税の再更正処分をした。上記各所得の金額の算定根拠は、それぞれ次に掲げる表に記載の通りであると考えられる。

(1)　給与所得の金額：　　表7

(2)　一時所得の金額：　　表8-1 ～ 表8-3

(3)　短期譲渡所得の金額：　表9

(4)　長期譲渡所得の金額：　表9

　この再更正処分には、短期譲渡所得と長期譲渡所得の区分について誤りがあり、正しくは、全て短期譲渡所得に区分されるべきであったが、差戻後控訴審判決は、これを適法であると判断した。これは、再更正処分は、裁判所認定額の範囲内で行われたものである（短期譲渡所得の金額に係る裁判所認定額は、再更正処分に係る短期譲渡所得の金額及び長期譲渡所得の金額の合計額を下回らない。）から、再更正処分を取り消すべき違法はないと判断されたものと解される。

　なお、表4 の通り、甲税務署長らは、第 1 審において、P 1 が引き受けた本件新株200万株の全てを一時所得の課税対象となるものとして主張していることから、親族等から贈与により取得したものとされる株式の数（28,560株）については、贈与税の課税がなされていないものと推測される（所法 9 ①十六）。

　また、表9 の（注 2 ）の通り、P 1 の譲渡所得の計算上、A 社株式の取得費は、①昭和62年 2 月当時保有していた 8 万200株については、 1 株当たり500円、②引き受けた新株200万株のうち一時所得該当分（1,730,840株）については、一時所得の金額の計算の基礎とした A 社の 1 株当たりの純資産価額（4,490円）、③引き受けた新株200万株のうち株主地位該当分（親族等から贈与により取得したものとされる株式の数（28,560株）を含む269,160株）については、引受価額（500円）を基礎として算出されている。

7.3　P 2 再更正について

　甲税務署長らは、平成17年12月16日、P 2 に対し、一時所得の金額を1,624,795,205円、短期譲渡所得の金額を24,433,799円、長期譲渡所得の金額を272,500円とする昭和62年分の所得税の再更正処分をした。上記各所得の金額の算定根拠は、それぞれ次に掲げる表に記載の通りであると考えられる。

(1)　一時所得の金額：　　**表8-1** ～ **表8-3**

(2)　短期譲渡所得の金額：　**表10**

(3)　長期譲渡所得の金額：　**表10**

　この再更正処分には、短期譲渡所得と長期譲渡所得の区分について誤りがあり、正しくは、全て短期譲渡所得に区分されるべきであったが、差戻後控訴審判決は、これを適法であると判断した。これは、再更正処分は、裁判所認定額の範囲内で行われたものである（短期譲渡所得の金額に係る裁判所認定額は、再更正処分に係る短期譲渡所得の金額及び長期譲渡所得の金額の合計額を下回らない。）から、再更正処分を取り消すべき違法はないと判断されたものと解される。

　なお、**表5** の通り、甲税務署長らは、第1審において、P2が引き受けた本件新株84万株の全てを一時所得の課税対象となるものとして主張していることから、親族等から贈与により取得したものとされる株式の数（13,441株）については、贈与税の課税がなされていないものと推測される（所法9①十六）。

　また、**表10** の（注2）の通り、P2の譲渡所得の計算上、A社株式の取得費は、①昭和62年2月当時保有していた4,000株については、1株当たり500円、②引き受けた新株84万株のうち一時所得該当分（814,559株）については、一時所得の金額の計算の基礎としたA社の1株当たりの純資産価額（4,490円）、③引き受けた新株84万株のうち株主地位該当分（親族等から贈与により取得したものとされる株式の数（13,441株）を含む25,441株）については、引受価額（500円）を基礎として算出されている。

表7 B社株式の低額譲受け

		P1の給与所得の金額
①	発行済株式総数	4,471,000株 （昭62.3）
②	純資産価額	11,912,517千円（注1）
③	1株当たりの価額 （＝②／①）	2,664円
④	1株当たりの譲渡金額	1,200円
⑤	譲受株式総数	1,130,000株
⑥	確定申告における給与等の収入金額	85,615,000円（注2）
⑦	給与所得控除額	88,591,750円
⑧	給与所得の金額 （＝（③－④）×⑤＋⑥－⑦）	1,651,343,250円

（注1） 21,364,814千円（昭和62年3月時における時価純資産価額）－16,582,978千円×57％
　　　　（昭和62年3月時における評価差額に対する法人税額等相当額、評価通達186-2）＝
　　　　11,912,517千円（法人税額等相当額控除後の純資産価額）
（注2） 当事者間に争いがない。

表8-1　A社株式の有利発行

	①	②	③	④	⑤	⑥
	増資前の所有株式数	増資		超過分の数（③－②）	不足分の数（②－③）	⑤のうち④の者の親族等の数
		所有割合に応じた割当株式数	取得した株式の数			
P1	80,200株	240,600株	2,000,000株	1,759,400株		
P2	4,000株	12,000株	840,000株	828,000株	相通9-5のC	
親族5名	14,000株	42,000株	相通9-5のA		42,000株	42,000株
C社	800,000株	2,400,000株	160,000株		2,240,000株	
D社	93,000株	279,000株			279,000株	
その他	8,800株	26,400株			26,400株	
計	1,000,000株	3,000,000株	3,000,000株	2,587,400株	2,587,400株	42,000株 相通9-5のB

(注)　相続税法基本通達9-5は、同9-4において、誰からどれだけの数の募集株式引受権の贈与があったものとするかは、次の算式により計算するものとする旨定めている。

《算式》

$$A \times \frac{C}{B} = その者の親族等から贈与により取得したものとする募集株式引受権数$$

なお、算式中の符号は、次のとおりである。

・Aは、他の株主又は従業員と同じ条件により与えられる募集株式引受権の数を超えて与えられた者のその超える部分の募集株式引受権の数

・Bは、当該法人の株主又は従業員が他の株主又は従業員と同じ条件により与えられる募集株式引受権のうち、その者の取得した新株の数が、当該与えられる募集株式引受権の数に満たない数の総数

・Cは、Bの募集株式引受権の総数のうち、Aに掲げる者の親族等（親族等が2人以上あるときは、当該親族等の1人ごと）の占めているものの数

表8-2　A 社株式の有利発行

		P 1	P 2
①	親族等から贈与により取得したものとされる募集株式引受権数	28,560株（注 1 ）	13,441株（注 3 ）
②	取得した株式のうち一時所得の基因となるものの数	1,730,840株（注 2 ）	814,559株（注 4 ）

（注 1 ）　$1{,}759{,}400株（相通 9-5 の A）\times \dfrac{42{,}000株（相通 9-5 の C）}{2{,}587{,}400株（相通 9-5 の B）} = 28{,}560株$

（注 2 ）　$1{,}759{,}400株（相通 9-5 の A）- 28{,}560株 = 1{,}730{,}840株$

（注 3 ）　$828{,}000株（相通 9-5 の A）\times \dfrac{42{,}000株（相通 9-5 の C）}{2{,}587{,}400株（相通 9-5 の B）} = 13{,}441株$

（注 4 ）　$828{,}000株（相通 9-5 の A）- 13{,}441株 = 814{,}559株$

表8-3　A社株式の有利発行

		P1の一時所得の金額	P2の一時所得の金額
	基準日	増資払込日 昭62.3.11	同左
①	発行済株式総数	4,000,000株（注1） （昭62.3.11増資後）	同左
②	純資産価額	17,960,410千円 （＝16,460,410千円（注2） ＋1,500,000千円（払込金額））	同左
③	1株当たりの価額 （＝②／①）	4,490円	同左
④	引受価額	500円	同左
⑤	取得した株式のうち一時所得の基因となるものの数	1,730,840株（ **表8-2** ）	814,559株（ **表8-2** ）
⑥	一時所得の収入金額とされる金額 （＝（③－④）×⑤）	6,906,051,600円	3,250,090,410円
⑦	一時所得の金額 （＝（⑥－50万円）×1／2）	3,452,775,800円	1,624,795,205円

（注1）　1,000,000株（増資直前）＋3,000,000株（昭62.3.11増資分）＝4,000,000株（増資後）

（注2）　35,737,316千円（昭和62年3月時における時価純資産価額）－33,819,135千円×57%
（昭和62年3月時における評価差額に対する法人税額等相当額、評価通達186-2）＝
16,460,410千円（法人税額等相当額控除後の純資産価額）

表9　A社株式の低額譲渡

		P1の短期譲渡所得の金額	P1の長期譲渡所得の金額
①	発行済株式総数	4,000,000株 （昭62.5.12）	同左
②	純資産価額	18,298,601千円（注1）	同左
③	1株当たりの価額 （＝②／①）	4,574円	同左
④	配当期待金額	4円	同左
⑤	譲渡価額 （＝③－④）	4,570円	同左
⑥	譲渡株数	1,919,800株	80,200株
⑦	譲渡所得の収入金額 （＝⑤×⑥）	8,773,486,000円	366,514,000円
⑧	取得費の額 （＝3,820円（注2）×⑥）	7,333,636,000円	306,364,000円
⑨	譲渡費用の額	5,279,450円（注3）	220,550円（注3）
⑩	短期譲渡所得の金額 （＝⑦－⑧－⑨－50万円）	1,434,070,550円	―
	長期譲渡所得の金額 （＝（⑦－⑧－⑨）×1／2）	―	29,964,725円

（注1）　37,237,316千円（昭和62年5月時における時価純資産価額）－33,819,135千円×56%
（昭和62年5月時における評価差額に対する法人税額等相当額、評価通達186-2）＝
18,298,601千円（法人税額等相当額控除後の純資産価額）

（注2）　昭和62年5月の譲渡時にP1が所有していたA社株に係る株数及び取得金額を基礎
として、次の算式により、総平均法に準ずる方法により算出したものである。

《算式》

　・既保有分　　　　　　　　　80,200株×500円
　・増資引受分（一時所得該当分）1,730,840株×1株当たりの純資産価額4,490円
　・増資引受（株主地位該当分）269,160株×引受価額500円

　　　　　80,200株＋1,730,840株＋269,160株

　＝3,820円

（注3）　昭和62年5月のA社株の譲渡に係る有価証券取引税（譲渡株数2,000,000株×譲渡単
価500円×有価証券取引税率55／10,000＝5,500,000円）を譲渡株数の比で短期譲渡分と
長期譲渡分に按分したものである

表10　A 社株式の低額譲渡

		P 2 の短期譲渡所得の金額	P 2 の長期譲渡所得の金額
①	発行済株式総数	4,000,000株 （昭62.3.26）	同左
②	純資産価額	17,960,410千円 （＝16,460,410千円（注 1 ） ＋1,500,000千円（払込金額））	同左
③	1 株当たりの価額 （＝②／①）	4,490円	同左
④	譲渡株数	183,000株	4,000株
⑤	譲渡所得の収入金額 （＝③×④）	821,670,000円	17,960,000円
⑥	取得費の額 （＝4,351円（注 2 ）×④）	796,233,000円	17,404,000円
⑦	譲渡費用の額	503,201円（注 3 ）	10,999円（注 3 ）
⑧	短期譲渡所得の金額 （＝⑤－⑥－⑦－50万円）	24,433,799円	―
	長期譲渡所得の金額 （＝（⑤－⑥－⑦）×1／2）	―	272,500円

（注 1 ）　35,737,316千円（昭和62年 3 月時における時価純資産価額）－33,819,135千円×57%（昭和62年 3 月時における評価差額に対する法人税額等相当額）＝16,460,410千円（法人税額等相当額控除後の純資産価額）

（注 2 ）　昭和62年 3 月の譲渡時に P 2 が所有していた A 社株に係る株数及び取得金額を基礎として、総平均法に準ずる方法により算出したものである（差戻後控訴審判決書別表 2 の 5 ）。

$$\frac{\begin{pmatrix}\text{・既保有分} & 4,000株×500円 \\ \text{・増資引受分（一時所得該当分）} & 814,559株×1 株当たりの純資産価額4,490円 \\ \text{・増資引受分（株主地位該当分）} & 25,441株×引受価額500円\end{pmatrix}}{4,000株＋814,559株＋25,441株}$$

＝4,351円

（注 3 ）　昭和62年 3 月の A 社株の譲渡に係る有価証券取引税（譲渡株数187,000株×譲渡単価500円×有価証券取引税率55/10,000＝514,200円）を譲渡株数の比で短期譲渡分と長期譲渡分に按分したものである。

7.4　総額主義について

❸の通り、甲税務署長らは、その主張を変遷させているが、このような理由の差し替えも認められる。

課税処分取消訴訟の審判の対象は、当該処分によって認定された課税標準及び税額が客観的に存在するか否かであるという考え方が通説・判例である。すなわち、納税者の本来あるべき課税標準又は税額の数値自体が直接審判の対象となるのではなく、課税処分によって認定された課税標準又は税額が客観的に存在することが審判により認められれば当該処分は適法とされ、逆に、課税処分によって認定された課税標準又は税額が、本来あるべき課税標準又は税額を上回ることが認められればそれを限度として違法と判断される。また、裁判例は、ほとんど総額主義に立脚しているといえ、これによれば、例えば、課税処分において認定理由に誤りがあっても、他に所得が存在し、当該処分以上の所得があることの立証に成功すれば、当該処分は取消しを免れることになる。したがって、課税庁としては、時機に後れない限り、訴訟提起後に新たな課税根拠を提出して課税処分を維持することも、処分理由の差し替えも許される[1]。

7.5　時機に後れた攻撃防御方法の却下について

民事訴訟法第157条第1項は、次の通り規定している。

（時機に後れた攻撃防御方法の却下等）
民事訴訟法第157条
1　当事者が故意又は重大な過失により時機に後れて提出した攻撃又は防御の方法については、これにより訴訟の完結を遅延させることとなると認めたときは、裁判所は、申立てにより又は職権で、却下の決定をすることができる。
2　（略）

1）　武田雅雄「加算税の賦課決定処分の範囲内主張の可否について」税大論叢36号171-176頁（2001）

　P1らは、差戻後控訴審において、A社及びB社の保有土地の純資産価額の具体的算定方法について、新たな主張を始めた。

　これに対して、甲税務署長らは、改めて課税時期におけるA社及びB社の資産の評価を行おうとすれば、訴訟の完結が遅延することは明らかであるなどとして、P1らの主張は、却下されるべきであると主張した。

　本件訴訟の経過についてみると、P1らは、審査請求時に提出した反論書を本件訴訟提起後も証拠として提出し、その評価方法の合理性を主張してきたところ、甲税務署長らは、第1審においては、反論書の評価方法に合理性は認められない旨主張していたが、その後、これを差戻後控訴審における争点とすることがないように、反論書に基づく評価額を前提に、本件各再更正及び本件訂正告知を行っていた。

　差戻後控訴審判決は、「本件訴訟においては、昭和62年3月時におけるB社及びA社の保有土地の評価方法については、第1審において争点となっており、P1らは、この争点について、主張する機会を与えられていたことは明らかである。この争点について、P1らは、第1審において、〔反論書〕に基づく資産の評価の合理性を主張し、この評価を基礎として課税時期におけるB社株及びA社株1株当たりの純資産価額を認定した第1審の判断については、差戻前控訴審においておよそ争点とすることがなかったのもかかわらず、甲税務署長らが、〔反論書〕に基づき、昭和62年3月時の資産及び負債の評価をして、上記各再更正及び訂正の告知を行うや、差戻後の当審に至って、その保有不動産の評価について争う新たな主張を行っているのであって、P1らの差戻後の当審における新たな主張は、故意又は重大な過失により時機に後れて提出されたものであり、しかも、訴訟上の信義則にも反するものといわざるを得ず、仮に、同時点の資産の評価について、改めて審理を行うとすれば、訴訟の完結が遅延することは明らかである」（〔〕内筆者）と判示し、B社及びA社の資産の具体的算定方法に関するP1らの主張を、民事訴訟法第157条第1項に基づき却下した。

　P1らの新たな主張の当否は明らかではないが、適時に主張をしなかったために、実質審理されることなく、門前払いされることとなったものである。

《監修者紹介》

稲見 誠一（いなみ せいいち）

デロイト トーマツ税理士法人　タックス コントラバーシーチーム　シニアアドバイザー
税理士

　サンワ東京丸の内事務所（現　有限責任監査法人トーマツ）に入社後、勝島敏明税理士事務所（現　デロイト トーマツ税理士法人）に転籍し、パートナーとして、事業承継部門長、テクニカルセンター長、審査室長、東京事務所長、副理事長を歴任し、2016年12月１日よりテクニカルセンター（現　タックス コントラバーシーチーム）のシニアアドバイザーとして、税務訴訟研究を通じて教育研修業務に従事している。また、外部委員として、東京都債権処理審査会委員、事業再生研究機構・税務問題委員会副委員長に就任している。
　主な著書に、『詳解　グループ通算制度Ｑ＆Ａ』（清文社・共著）、『Ｑ＆Ａ　事業承継をめぐる非上場株式の評価と相続税対策』（清文社・共著）、『制度別逐条解説　企業組織再編の税務』（清文社・共著）、『詳解　連結納税Ｑ＆Ａ』（清文社・共著）、『組織再編における株主課税の実務Ｑ＆Ａ』（中央経済社・共著）、『「純資産の部」の会計と税務』（清文社・共著）、『私的整理ガイドラインの実務』（金融財政事情研究会・共著）、『ケース別にわかる企業再生の税務』（中央経済社・共著）、『実務詳解　組織再編・資本取引の税務Ｑ＆Ａ』（中央経済社・共著）、『グループ法人税制・連結納税制度における組織再編の税務詳解』（清文社・共著）がある。

《著者紹介》

梅本 淳久（うめもと あつひさ）

デロイト トーマツ税理士法人　タックス コントラバーシーチーム　マネジャー
公認会計士・米国公認会計士
司法書士試験合格

　税理士法人トーマツ（現　デロイト トーマツ税理士法人）に入社後、税務申告業務、国際税務コンサルティング業務を経験し、現在は、審査請求・相談・教育研修などの業務に従事している。民間専門家として、国税審判官（特定任期付職員）に登用され、審査請求事件の調査・審理を行った経験を有する。
　著書に『［処分取消事例］にみる　重加算税の法令解釈と事実認定』、『【法律・政省令並記】逐条解説　外国子会社合算税制』、『【法律・政省令並記】逐条解説　過大支払利子税制』、『事例と条文で読み解く　税務のための　民法講義』（以上、ロギカ書房）、『詳解　タックス・ヘイブン対策税制』（清文社・共著）、『国際課税・係争のリスク管理と解決策』（中央経済社・共著）、『第10版　Ｑ＆Ａ　事業承継をめぐる非上場株式の評価と相続対策』（清文社・共著）、税務専門誌への寄稿記事に「通達・Ｑ＆Ａの要点を一挙に押さえる　令和元年度　外国子会社合算税制の改正詳解」税務弘報67巻10号（中央経済社）、「外国法を準拠法とする契約に係る税務上の取扱い［１］～［３］」月刊国際税務38巻12号～39巻２号（国際税務研究会）、「疑問相談　国税通則法　国税不服審判所の審査体制と裁決事例の先例性」国税速報第6555号（大蔵財務協会）などがある。

デロイト トーマツ税理士法人

　デロイト トーマツ税理士法人は、日本で最大級のビジネスプロフェショナル集団「デロイト トーマツ グループ」の一員であると同時に、世界四大会計事務所「デロイト」の一員でもあります。「トーマツ」ブランドが培ってきた信頼と高い専門性に加え、全世界150を超える国・地域で展開する「デロイト」のグローバルネットワークを生かし、プロフェッショナルとしてクライアントのビジネス発展に貢献していきます。
　私たちの最大の強みは、デロイト トーマツ グループの総合力です。国内外での豊富な実績を誇る税務サービスだけにとどまらず、監査・保証業務、コンサルティング、ファイナンシャルアドバイザリー、リスクアドバイザリー、法務の領域でもグループ内の連携を図り、組織や専門分野の枠を超えた総合的なサービスを提供しています。特にデロイト トーマツ税理士法人は、日本の大手税理士法人の中でも最大級の国内16都市に拠点を設けており、全国規模で多様化するクライアントのニーズにこたえています。詳細はデロイト トーマツ税理士法人 Web サイト（www.deloitte.com/jp/tax）をご覧ください。

詳解 有利発行課税

発 行 日	2021 年 5 月10日
監　　　修	稲見 誠一
著　　　者	梅本 淳久
発 行 者	橋詰 守
発 行 所	株式会社 ロギカ書房

　　　　　　　〒 101-0052
　　　　　　　東京都千代田区神田小川町 2 丁目 8 番地
　　　　　　　進盛ビル 303 号
　　　　　　　Tel　03（5244）5143
　　　　　　　Fax　03（5244）5144
　　　　　　　http://logicashobo.co.jp/

印刷・製本　　藤原印刷株式会社

納税者の主張を認めた判決・裁決を、元国税審判官が徹底解説！
所得・相続・法人・消費の各税目の判例・裁決事例を多数収録！

［取消処分事例］にみる
重加算税
の法令解釈と事実認定

梅本 淳久（デロイト トーマツ税理士法人）

A5 版・608 頁・並製

定価：5,000 円＋税

第 1 部　重加算税の賦課要件

第 2 部　取消判決・裁決

事例1　申告手続の委任を受けた代理人が、仮装行為により納税額を零とする申告をする
一方、納税者に対しては納税額が発生しているとして、納税額を納税者から受領
したことについて、納税者が、故意に、所得の全部又は一部を隠ぺいし、又は仮
装したものとはいえないとして、重加算税を賦課することはできないとされた事
例

（大阪高裁平成3年4月24日判決・TAINS　Z183-6701）